优秀孩子素质教育培养

成就孩子一生的 50封信

周　周◎编著

北京联合出版公司
Beijing United Publishing Co.,Ltd.

图书在版编目（CIP）数据

成就孩子一生的50封信 / 周周编著. -- 北京 ：北京联合出版公司，2014.11 （2019.4 重印）
（优秀孩子素质教育培养）
ISBN 978-7-5502-4079-7

Ⅰ. ①成… Ⅱ. ①周… Ⅲ. ①素质教育－青少年读物 Ⅳ. ①G40-012

中国版本图书馆CIP数据核字(2014)第268818号

成就孩子一生的50封信

编　　著：周　　周
选题策划：大地书苑
责任编辑：徐 秀 琴
封面设计：尚世视觉
版式设计：李　　霞

北京联合出版公司出版
（北京市西城区德外大街83号楼9层　100088）
北京一鑫印务有限公司印刷　新华书店经销
字数200千字　710毫米×1000毫米　1/16　12印张
2019 年 4 月第 2 版　2019 年 4 月第 2 次印刷
ISBN 978-7-5502-4079-7
定价：49.80 元

目录

第1章　你是最棒的

第2章 信守诺言

第3章 贵在坚持

第4章　习惯养成

第5章　珍爱自己

第1章

你是最棒的

01

孩子，谢谢你敢于承认错误！

HAI ZI XIE XIE NI GAN YU CHENG REN CUO WU

孩子，从小我就告诉你，属于自己的事情，一定要怀着强烈的责任心去把它做好。虽然你还是一个未成年的孩子，稚嫩的肩膀还不能够担负起重大的责任，但是我希望，你能够从小事做起，养成一种负责任的好习惯。

孩子，对于现在的你来说，有责任做好的事情就是，尽自己最大的努力学好科学知识，帮助我们做一些你力所能及的事情。另外，就是要严格要求自己，树立起一种负责任的形象。

你一定会问：怎样做一个有责任感的人呢？在美国流传着这样一个小故事：

一个11岁的男孩踢足球时踢碎了邻居家的窗玻璃，生气的邻居要求小男孩为此支付赔偿费12.5美元。闯了祸的男孩虽然很害怕父亲的责骂，但还是大胆地承认了自己的错误。父亲让他对自己的过失负责，可小男孩没有钱，父亲说："钱我可以先借给你，但一年后要还我。"为了兑现自己的承诺，在随后的半年时间里，这个小男孩就靠打工赚钱，终于在最后还清了借款。这个男孩就是里根，后来他当选为美国总统。

孩子，你是不是想起自己也曾经经历过类似的事情？小时候你和表妹们不小心把家里精心收藏的画册弄烂了。你们当时肯定是害怕被我们责骂，所以都低着头，不敢说一句话，更不敢说这是谁弄坏的。后来，还是你勇敢地说是自己不小心弄坏的。

你一定还记得，我当时不但没有生气，还夸你是一个勇敢的有责任心的孩子。

孩子，"责任"二字重千金啊！包括我们和你，世界上没有十全十美的人，每一个人在一生中都会或多或少、或轻或重地犯错误，做错事情。从某种意义上说，错误是不可避免的，它将伴随你一生，无论你愿意不愿意。

但是，人们对待自己犯下的错误的态度是不同的。有责任感的人能够勇敢地承认自己的错误，尽力去改正错误或者弥补损失；而另外一些人选择逃避过错，推卸责任。

结果，有责任感的人能够及时地纠正自己的过错，并赢得大家的信任；而没有责任感的人虽然暂时掩饰了自己的错误，但最终失去了进步的机会，以及别人对他的信任，他们在生活中根本无法立足。

孩子，其实，承认错误、担负责任是每个人都应尽的义务，任何不愿破坏自己名誉和前途的人，都必须认真地对待错误和责任，这也是我们每个人都应具备的最起码的品德。

孩子，你应该将承认错误、担负责任根植于内心，让它成为你脑海中一种强烈的意识。无论在何时何地，这种意识都会让你表现得更加出类拔萃。你会因为勇于承担责任而变得更加自爱、善良和仁慈，成为一个崇高而正直的人。

达尔文曾经说过："任何改正都是进步。"歌德也说过："最大的幸福在于我们的缺点得到纠正和我们的错误得到补救。"这都是一些名人、伟人们总结出的经验和教训！孩子，我们希望你也能够从中领悟到责任的重大意义，做一个勇敢的有责任感的人。

做一做

如何培养自己的责任心？

★做自己力所能及的事。要做到对自己的事情负责，首先要做到自己的事自己做。只有做好自己力所能及的事，才会有能力对自己负责。

★学会关心他人。关心他人是拥有责任心的具体体现。在家里要关心自己的父母。比如爸妈病了，你要学着照顾他们，为他们端饭倒水、请医抓药等。只有懂得关心他人的人，才会懂得什么是责任。

★对自己的过错负责。人无完人，谁都会有犯错的时候。一旦犯了错误，可不能给自己找借口，一定要勇于对自己的过错负责。勇于承担过错是值得赞赏的行为，而选择逃避责任的人只会成为一个胆小鬼，日后也不会成功。

记一记

责任是什么？责任就像你身体的质量，没有它必将会飘飘然起来，放浪自由，却没有前进的目标。

——章文珍

02

孩子，你能保持每天的卫生吗？

HAI ZI NI NENG BAO CHI MEI TIAN DE WEI SHENG MA

孩子，你渐渐长大，渐渐懂得体贴人了。在我们为工作忙得不可开交的时候，你会帮我们做些简单的家务。看到你这么懂事，我们很欣慰。在这里，我想告诉你如何保持个人的清洁卫生。

孩子，如何迎接新的一天，是日常生活中的大事。搞好自身卫生，同时保持自己周围环境的整洁，这是保持一个人良好精神状态的有效措施，这样每天都会有一个好心情。

带你上街的时候，经常见到一些孩子在马路边一边吃零食一边玩，还会见到一些人吃完东西随手就把垃圾扔到地上，还有人经常随地吐痰。这些不讲卫生的行为给我们的生活环境带来了许多不良的影响。

你知道吗？不讲卫生造成的灾害已经给人类带来了许多深刻的教训。2003年轰动全世界的SARS病毒,就是通过人们唾液中的飞沫在空气中传播的，它使一些人失去生命。至今仍有一些人还在充当着疾病传播者的角色，他们并没有意识到不讲卫生对自己以及他人有多大的危害。

学校的卫生环境，是学校精神文明建设的窗口，也是学校师生素质高低的综合反映。但一些同学的不良卫生习惯，给校园文明带来了不良的影响。

第一，爱吃零食，经常光顾学校旁边不卫生的小店。许多同学往往抑制不住零食的诱惑，总是在上学或放学时买一些小食品，这样不仅纵容了不法商贩，对自己的身体健康也有极大的危害。

第二，乱涂乱画、乱踢乱踏。有的同学比较好动，总喜欢在教室内外的墙上乱涂乱画、乱踢乱踏。这些污迹给清洁工作留下很多难题，毁坏了学校原本美丽的容貌。

第三，随地吐痰。不少同学公共道德意识不强，无论在教室里，还是在校园内，随地吐痰，结果在走道、教室和草坪上经常出现令人作呕的痰迹。医学专家说过：“如果某个人患了肺炎，他吐出的痰中的唾沫蒸发到空气中，就会污染空

气，传播肺炎病菌，使更多的人被疾病所困扰。”真不敢想象，这些痰会给我们的生活带来怎样的阴影。

第四，乱扔垃圾。现在有不少同学把早点带进校园吃，有极少数不自觉的同学随手乱扔包装袋之类的东西，给学校的卫生保洁工作增加了负担。你知道吗？乱扔垃圾会使一个美丽的城市渐渐变成一个人间地狱。

这些不讲卫生的坏习惯给我们美丽的校园带来了很大的危害，给我们的健康生活带来了极为不好的影响。因此，孩子，养成良好的卫生习惯十分重要，我们不仅自己要讲究卫生，还要人人争当卫生监督员，共同把学校的卫生抓上去。孩子，我们希望你的每一天都能从自身的卫生清洁做起，希望你的每一天都能健康而快乐，你可以做到吗？孩子，我们真的很相信你，加油啊！

做一做

对于如何养成良好的卫生习惯，你至少应该做到以下几点：

★不在校门口的小商小贩处买零食。买零食不要在那些无卫生证的商店里买，而应到大商场或超市里选购，并学会认识商标、生产日期，这样才能保证你的身体健康。

★要养成不随地吐痰的习惯。如果因为感冒而克服不了，你应该准备卫生纸，吐在纸上，再扔进垃圾桶。

★要努力克服随手乱丢东西的坏习惯，要把废纸、果皮、包装袋扔进垃圾桶中，特别要杜绝从楼上往楼下扔东西的不道德行为。

★要养成随手捡拾地面上废弃物的习惯。这个习惯很重要，你要坚持从自己做起，并号召其他同学来共同维护学校环境的整洁。

★勤洗手。特别是摸完钱后一定要洗手，因为钱在很多人之间传来传去，是很脏的东西。

记一记

卫生歌

小脑袋，保护好，
三天给它洗次澡。
小手小脚勤检查，
别让指甲长太高。
最后一条很重要，
洗脸刷牙别漏掉。
清洁卫生要记牢，
身体特棒胃口好。

03

养一只小动物做你的好朋友

YANG YI ZHI XIAO DONG WU ZUO NI DE HAO PENG YOU

孩子，从小时候开始，你就特别喜欢小动物。我还记得，你曾经养过一只小白兔，每天放学回来后，你就逗它玩，当时看着你抱着小白兔的样子，觉得很温馨。

从你对小白兔的态度来看，孩子，你真是一个富有爱心和同情心的人。现在，咱们家在你的要求下也养了一只小狗，还给它取了个名字叫“洋洋”。它有乌溜溜的黑眼睛，圆圆的黑鼻子，一身雪白油亮的长毛，高兴了还会吐出一截儿红红的舌头喘气，可爱得很，让人情不自禁地想亲它。

“洋洋”与你的感情最好了，也给咱们家带来了许多欢乐。而更重要的是，我发现自从有了它以后，孩子，你变得更加开心，而且也比以前更懂事了。

孩子，在这里我想告诉你，小狗的身上有许多值得你学习的优点，比如它的忠诚和驯顺。一旦它与你成为朋友，它就会全心全意为你服务，把你当成最好的朋友，不仅分享你的快乐，在你不开心的时候，它也分担你的忧愁。

小狗还是一个宽宏大量、无私无畏的朋友。它从不会计较你烦躁时候的坏脾气，对你的错怪，它也只是默默承受。而你对它的一点点爱抚，它却铭记心底，以更加的依恋和忠诚来回报你。

另外，孩子，我们人类和动物本来就是一家人，拥有地球这个共同的家园。生命对我们人类来说只有一次，对于自然界的动物来说也只有一次。为了大自然的和谐，为了我们人类，我们应该和动物友好地共同生活在地球上。

孩子，希望你一直做一个心地善良、富于感情的人，不仅对同胞怀有深情，就是对鸟兽之类的动物也要富予怜悯心和爱心。我想，如果地球上的每个人都能亲近动物、热爱动物，和它们做朋友，多给它们一些爱心，那么，这个世界肯定会更平和、更温暖。

做一做

如何保护野生动物呢?看看下面的提示!

★保护野生动物生存环境。

★保护野生动物最重要的是保护它们的栖息地，不要乱砍乱伐，破坏草坪，不要随意堆放垃圾，不要滥用农药和杀虫剂，保护水源和空气也是保护栖息地的一部分。

★不滥捕滥杀野生动物，不参与非法买卖野生动物，见到违法者立即向野生动物协会反映。从家庭做起，培养尊重一切生命的道德观，我们应该像珍惜自己生命一样珍惜它们的生命。

第3封信
养一只小动物做你的好朋友

记一记

孩子在成长过程中，倘若未能学到以爱心对待动物的观念，将来可能造成其人格及行为发展的偏差。

——欧美研究报告

04 我们相信你是最棒的

WO MEN XIANG XIN NI SHI ZUI BANG DE

孩子，在我们的心目中，你就是这个世界上最聪明最优秀的孩子。我也相信，这个世界上大部分的父母都像我们一样，爱并且相信自己的孩子。

然而，并不是说我们爱你就代表你是一个十全十美的人。这个世界上没有十全十美的人，即使是那些已经拥有非凡成就的成功人士，也有一些缺点。但是，他们为什么可以如此优秀呢？我想，这是因为他们拥有的自信和不懈的努力。

有一个叫做彼得的孩子从小双目失明。当他渐渐长大后，他意识到自己将永远看不到世界。他十分沮丧，感到自己的未来很渺茫，总觉得自己不如别人。

“上帝啊，为什么要这样对我？难道是我做错了什么吗？”彼得经常这样悲伤地感叹，“失去了光明，我还能干什么？”

他的亲人和朋友，还有许多好心人都来关怀他，照顾他。当他过马路的时候，会有人来搀扶他。但彼得把这一切都看成是别人对他的同情和怜悯，他不愿意一直这样被同情怜悯。

直到有一天，莱恩神甫告诉他一句话：“世上每个人都是被上帝咬过一口的苹果，都是有缺陷的。有的人缺陷比较大，因为上帝特别喜爱他的芬芳。”

“我真的是上帝咬过的苹果吗？”他怀疑地问莱恩神甫。

“是的，你不是上帝的弃儿。但是上帝肯定不愿意看到他喜欢的苹果在自卑和悲观失望中度过他的一生。”莱恩神甫轻轻回答。

“谢谢你，神甫，你让我找到了力量。”彼得高兴地对神甫说道。从此他把失明看作是上帝对自己的特殊钟爱，于是振作起来了。若干年后，他成了著名的盲人推拿师。

重新找到信心的彼得最终成为一个对社会对世界有用的

人，拥有了有价值的成功人生。孩子，我要告诉你，在你身上，虽然也有一些不足之处，但你就是我们心中闪闪发亮的“金子”，而你自己，也一定要学着去重视自己的长处，相信自己是最棒的。

自卑就像是加在心灵上的一把锁，它锁住了人的开朗与勇敢，也锁住了人的前途。没有自信，便没有成功。当你满怀信心地对自己说“我一定能行”时，无论多大的困难都会迎刃而解。

孩子，我希望你永远能把自卑的阴霾扫除出去，从现在开始，让自己的生活充满自信和快乐的阳光。当然，在这里我们还要提醒你，自信不是那种盲目的乐观。这种盲目的自信心主要是在别人夸大其词的赞美中养成的，令人飘飘然，但因为缺少实际能力而根基不牢，最容易因在现实生活中饱受打击而丧失。

自信也不是虚弱的骄傲。这种虚弱的自信是建立在周围的人不如自己的基础上的，一旦有人超过自己，而自己无法再保持领先地位，自信心便轰然倒塌。

孩子，我希望你能拥有那种最坚实的自信心。这种自信心来自你自身能力发展过程中的成功体验，以及扎实的才能和学识。所以，孩子，你应该用自己的勇敢行动去培养自己的自信。

做一做

如何树立自信?

★要有自我意识：认识自己，了解自己，想象自己是一个自信的人。以自信的态度行事。说话举止越自信，你也就变得越自信。

★为自己准备一个笔记本，用它来记录自己的经历体验，坚持每天记下几条你对自己所持有的信念，因为可能正是这类信念在帮助你建立自信。随身携带，有空时就翻看，让你的笔记本成为你的朋友和知己。

★尽力使自己的行为比平常更自信，也许这对于你而言有点儿难，但试着去做。你可以调整呼吸，直视别人的眼睛，昂头，用清晰、坚定的语调说话。坚持一段时间后，你会感觉到你自信了很多。

★从现在起，再不要自己看不起自己。永远不要对自己说“我不行，我不能”。相信自己可以，只要你愿意，你可以成为最棒的人。

记一记

许多人一事无成,就是因为他们低估了自己的能力,妄自菲薄,以至降低了自己的成就。

——唐拉德·希尔顿

05

孩子，长大后你想做什么？

HAI ZI ZHANG DA HOU NI XIANG ZUO SHEN ME

孩子，当我提笔写这封信的时候，不禁想起你们天真可爱的笑容。你们的笑声是那样清脆，你们的眼睛是那样明亮。每当我站在讲台上，望着你们充满了好奇和探索的眼神时，就会想：你们长大后会是什么样子呢？

再过十年，孩子，你们会陆续离开爸爸、妈妈的保护，开始走自己的路，开创属于自己的天空。到那时，孩子，你的人生会有什么样的故事，你的天空会有什么样的色彩？

我知道，在你们小小的脑袋里，充满了各种各样奇怪的有趣的问题。那么，在这些问题中，有没有这样一个：我长大以后，会是一个什么样的人呢？

这个问题其实就是你们的理想问题。我希望你们每个人都能好好想象一下自己长大后的生活。还记得我曾经给你们讲过的一个故事吗？

穷苦的牧羊人和两个孩子日子过得很艰苦。一天，他和孩子在山坡上放羊的时候，一群大雁从他们的头顶飞过，消失在天边。

小儿子问他的父亲："大雁要飞到哪里去？"

"它们要飞到温暖的地方过冬。"牧羊人回答说。

"如果我们也能像大雁一样飞起来就好了，那样我们就能飞到天堂上看我们的妈妈了，她一个人在那里一定很孤单，她肯定想我们了。"年纪大一点儿的儿子说。

儿子的话让牧羊人流下了泪水，短暂的沉默后，牧羊人对两个儿子说："只要你们有飞翔的信念，我相信你们肯定能飞起来的。"

父亲的话深深地刻在了兄弟两人的心中，从此他们就开始致力于对飞翔的研究。他们吃了很多苦，但是一直没有放弃小时候的梦想。终于有一天他们飞上了天空，他们就是莱特兄弟——飞机的发明者。

孩子，莱特兄弟的故事告诉我们，美好的理想总是能够产生巨大的力量，它能促使人们去拼搏奋斗、不断前进。

美好的理想还能为一个人的拼搏奋斗指明方向。所以，孩子，你们每个人都应该为自己设计一个美好的理想。不论你的理想是什么，孩子，我想你们每个人的理想都是美丽的、有价值的。如果你们希望自己的美好理想能够实现，现在就要好好学习，提高各方面的素质和修养，打好坚实的基础，这样才能一步步向自己的目标迈进！

只要有理想，并且不懈努力，世界上就没有做不成的事情！孩子，把你们的理想写下来吧，把它贴在每天都可以看到的地方，时时刻刻提醒自己去努力实现，要有一个你每天早晨醒来为之奋斗的人生目标。我会用最美丽的祝福，永远支持你们。

做一做

理想是一个人的奋斗目标，那么青少年应如何树立自己的理想呢？

★确立适宜的目标。理想的目标要适度，尽量确立经过努力即可实现的目标。我们所定的目标，既不能过高也不能过低。因为期望过高，总是达不到，会有损自信；期望过低，不费吹灰之力便能达到，就谈不上树立目标了。要既有长期目标，又有短期打算。

★树立自信。学习成绩优秀的学生，一般都具有十足的自信心；而所谓“差生”几乎都缺乏应有的自信心。只有树立了自信心才会学得更好，学得有兴趣，也才会有持续不断的动力去实现自己的理想。

★要有乐观的情绪。乐观是成功者具有的品质。乐观的人，自然会有强劲的动力去向自己的目标不断努力。

★要有坚强的毅力。设定了目标要有坚持下去的决心和毅力，否则再好实现的理想最终也容易变成空谈，这是一个长期的过程，只有持之以恒才能到达理想彼岸。

记一记

你有信仰就年轻，疑惑就年老；有自信就年轻，畏惧就年老；有希望就年轻，绝望就年老；岁月使你皮肤起皱，但是失去了热忱，就损伤了灵魂。

——卡耐基

06

你想不想成为故事大王？

NI XIANG BU XIANG CHENG WEI GU SHI DA WANG

孩子，还记得那些美丽的夜晚吗？你偎依在我们身边，听我们讲故事。你带着好奇的神情，看着我们，好像真的进入到神奇的童话世界中去了。

每当我们讲完一个故事，你总是不满足地问："后来呢？"看着你急切的神情，我们笑着说："你猜！"

现在想起来，我们的这个方法是对的。我们的提问激起了你的好奇心，于是，你就会发挥想象力，猜测故事中每一个角色的结局，或者是以后发生的种种事情。

爱听故事的你，已经具备了丰富的想象力。我们发现，有时候你自己编的后续故事也很有意思，一点儿也不比原来的故事差。

我现在还很清楚地记得，当你听了狼吃羊的故事后，很气愤地说：“这只狼太狡猾、太坏了，我一定要好好教训它一顿。”当时，我们就鼓励你自己也编一个故事，让狼受到应有的惩罚。后来你果然给我们讲了自己编的故事：

一天中午，阳光明媚，那只被狼吃掉的小羊的妹妹在山坡上吃草。这时，从树林里蹿出来那只凶恶的专吃小羊的狼。

小羊妹妹一看见狼，就想起了死去的姐姐，它想：“狼也太蛮不讲理了，可怜我姐姐被它吃掉了，今天我一定要想个办法战胜它……”

这时，狼又装出一副可怜的样子，对小羊妹妹说：“亲爱的小羊，你行行好吧！我实在是饿极了！你就为我作出点儿牺牲吧！”

小羊妹妹灵机一动，温和地说道：“狼先生，真不好意思。今天早上我碰到一只狼，它已经预订了我当它的晚餐。如果您也想把我当晚餐的话，那么只要您能胜过它，我就乖乖地给您食用。”

“好！你快带我去！”狼立刻恶狠狠地说道。

于是小羊妹妹就引狼来到一口井边，对狼说：“那只狼就躲在里面。”

狼伸长脖子往里一瞧，嘿，里面果然有一只狼，也正恶狠狠地盯着自己呢。这可把自大的狼气坏了，于是，它立刻张开血盆大口，露出尖尖的牙齿，朝井里的狼狂叫起来。井里的狼也毫不示弱地张开血盆大口，露出尖尖的牙齿，狂叫起来。狼更加气愤了，它前爪一抬，后爪一蹬，向那只狼猛扑过去。

“扑通”一声，狼掉进了井里，没过多久，就淹死了。小羊妹妹终于用巧妙的办法解救了自己，而且还为可怜的姐姐报了仇。

孩子，这个故事实在是太好了。后来，你又把这个故事讲给其他的小朋友听，他们都听得入神了。当得知这是你自己编的故事后，他们更是佩服得不得了，说你是“故事大王”。

从此，“故事大王”这个光荣的称号就一直伴随着你。你也越来越喜欢自己编故事，想象力也越来越丰富。孩子，其实只要你肯充分发挥想象力，认真去思考，生活中总有许多看起来很普通的东西和平常的事情，都是可以变成童话故事的素材的。

孩子，当你的老师称赞你，说你是一个爱动脑筋有丰富想象力的学生时，我们真的感到很自豪和开心。我们知道，自己编故事的习惯锻炼了你的思考能力，也培养了你的想象力。这些都对你的学习和以后的人生有很大的帮助，孩子，我们相信，你一定可以成为一个真正的故事大王。

做一做

如何写童话故事呢？下面的这些方法会帮助你。

★童话故事可以虚构，环境可以假设，情节可以离奇，要充分发挥自己的想象力，冲破时间、空间的限制和生活常规的制约，深入到别人不敢想、想不到的领域，给人以耳目一新的真实自然的感觉。语言要活泼、简洁、自然。

★通过拟人法把“物”当做人来写，如要写小白兔，既要突出小白兔的外表特征，同时小白兔又要有人的语言、丰富情感和拟人的行为，并要保留它作为“物”的本质特征。

★每篇童话都要有一个鲜明的主题，童话的中心要歌颂真善美，反对假恶丑。

★借虚构的故事、离奇的情节，让人们在高兴的同时又受到教育。

记一记

安徒生(1805—1875)丹麦作家。他从小生活在一个穷人家庭。虽然过着十分贫穷的生活，但他却有自己远大的理想。他一生共写了168篇童话故事。如《丑小鸭》、《皇帝的新装》、《豌豆上的公主》等,至今依然被很多人喜爱。

07 让快乐永远陪伴你

RANG KUAI LE YONG YUAN PEI BAN NI

孩子，当你来到这个世界上的时候，我曾默默许下对你一生的祝愿：希望你健康和快乐！因为一个人如果没有健康，就无法正常生活。若没有了快乐，他的生命就会失去所有的光彩，在苍白灰色的阴影中度日如年。

孩子，我希望你是一个快乐的人。你知道吗？在这个世界上，微笑不仅代表着快乐和幸福，代表着一种面对生活的勇敢乐观的态度，也代表着爱和被爱。这个世界是不能够缺少微笑这种温暖的东西的。

有时候，你可能会遇上一些烦恼的事情，心情不好，微笑不起来，感到闷闷不乐。这时候，你要怎样让自己快乐起来呢？有这样一个故事：

一位93岁高龄的盲人老太太决定住进养老院，护士带她参观专门为她准备的小房间。每当护士在她身边对房间进行详细描述时，老太太总会微笑着说：“我真喜欢！”她脸上流露出的笑容简直和一个8岁的孩子得到一个新的玩具一样。

“夫人，你还没有看到房间……”

“这和看不看没有关系。”老太太说，“快乐是你事先决定好的。我喜欢不喜欢我的房间并不取决于家具是怎样安排的，而在于我怎样实现我的想法。我已经决定喜欢它……”

这位老太太说得多好啊。无疑，她是一个快乐的人，懂得用一种平和的心态面对生活，懂得感激和珍惜自己所拥有的。

也就是说，孩子，你要多看看自己所拥有的东西。你拥有健康的身体，拥有爸爸妈妈浓厚的爱和关心，拥有珍贵的友情……这所有的一切，难道不值得你微笑，不值得你快乐吗？

孩子，只要你用心去感受，就会发现，生活中快乐的理由每时每刻都在产生。比如，在电梯门将要合拢时，有人按住按钮等着你赶到；雨夜回家时发现门外那盏坏了很久的路灯今天亮了；清洁工在离你几步远的地方停下扫帚，没有让你奔跑着躲避灰尘……诸如此类的生活细节，都可以作为你快乐和微笑的理由，因为这是生活送给你的礼物。

第7封信
让快乐永远陪伴你

记一记

开朗的性格不仅可以使自己经常保持心情愉快，而且可以感染你周围的人们，使他们也觉得人生充满了和谐与光明。

——罗兰

孩子，最后我想把一段名家的建议送给你，相信一定有用，同时也祝福你多一点儿快乐和微笑。

“任何时候出门，别忘先收紧下颌、抬头、挺胸，享受一下门外阳光的洗礼，并对碰到的每一位朋友报以真诚的微笑。握手的时候要用心去握，让对方清晰地感受到你的友善。永远记着要保持一个健康、正确的心态，勇敢、坦白、开朗，这些全是创造快乐的源泉。”

做一做

如何才能成为一个快乐的人呢？如果你能坚持去做，相信即使你不能得到100%的快乐，但至少也会拥有80%的快乐。

★一发现错误，立即改正。

★珍惜学习的机会，多读些书，少看些电视。

★尊重别人，尊重自己，勇于承担属于自己的责任。

★ 如果失败了，千万不要忘记失败的教训。

★一个人如能让自己经常保持像孩子一般纯洁的心灵，用乐观的心情做事，用善良的心肠待人，光明坦白，他的人生一定比别人快乐得多。

08 孩子，想过为爸妈过生日吗？

HAI ZI XIANG GUO WEI BA MA GUO SHENG RI MA

孩子，当我在班会上问你们“喜欢过生日吗”的时候，你们纷纷举起了手，兴高采烈地讨论起自己的生日是如何度过的。

可是，接下来当我又问你们谁知道爸爸、妈妈的生日时，你们却犯难了。很多人回答说“不记得”，“只记得大概”，“爸爸、妈妈从来没有过过生日”。有一位女孩几乎可以说出班里所有同学的生日，但唯独不记得爸爸、妈妈的生日。只有少数的几个人站起来清楚地说出了爸爸、妈妈的生日。

孩子，当时我对这前后两个问题截然不同的回答感到十分吃惊。我不知道如果你们的爸爸、妈妈看到这个场面的话，会有什么样的感受。但是我想，他们肯定会很伤心。

反之，那些有孩子为自己过生日的父母，一定十分幸福。我曾经听过这样一个温馨的故事：

他是小镇中心小学四年级的学生。从很小的时候起，他就梦想着能用自己的力量为妈妈买一件生日礼物。昨天在商店看到那件东西时，他就在心底惊呼：这是属于妈妈的。但是它太贵了，50元，相当于家里一个月的开销。但是，他那颗小小的心告诉自己：世上无难事，只怕有心人。他知道只要自己肯努力，就一定会让笑容绽放在妈妈的脸上。

于是，每天放学后，他总是一路跑着回家，写完作业，干完妈妈交代的家务活儿，然后就“神秘”失踪。稍加注意你会发现，走街串巷捡废品的队伍里自此多了一个小小的坚强身影。冬去春来，一大早，他就把小铁盒储蓄罐取了出来，他仔细地数了数里边的硬币，50元，够了，他高兴得差点跳起来。

夕阳下山的时候，商店橱窗内一块地方空了出来。而家里的厨房内，妈妈看着儿子小心翼翼放在自己手心里的那枚百合花样式的胸针，激动得热泪盈眶……

我想，当故事中小男孩的妈妈收到这份珍贵的礼物时，一定觉得自己是世界上最幸福的母亲。孩子，爸爸、妈妈是这个世界上最无私地爱着你们的人。从你们出生到现在，看着你们一点点长大，他们真的付出了很多很多。

孩子，我要郑重地告诉你，面对父母给予的无私的爱，如果谁还只是以自我为中心，从来不主动关心父母的话，那么，他就永远是一个自私的人。自私的人永远体会不到世间爱的珍贵，并注定孤独。

所以，希望你们不要忽视对爸妈的关心。在你能记得起所有好朋友的生日的时候，别忘了爸爸、妈妈的生日，别忘了用一颗真诚的心去祝福他们。我想，只要是你用真诚的心去准备的，无论是什么样的礼物，一本书、一束花、一首歌等，都会深深地感动爸爸、妈妈。

做一做

为爸爸、妈妈做一做这些事：

★朗诵一首赞美父母的诗，如《游子吟》，并把它背下来，好好体味其中的意思。

★学唱一首赞美父母的歌，如《烛光里的妈妈》、《好爸爸》等，在优美的旋律中品味歌词的感情，然后唱给爸爸、妈妈听。

★对爸爸、妈妈说一句表达爱的话，可以写在小纸条上，也可以大声地告诉爸爸、妈妈，总之要让他们知道你是多么爱他们。

★为爸爸、妈妈做一件事，可以为爸爸、妈妈做一次早点，也可以为爸爸、妈妈洗一次脚。在亲身劳动中体会父母的艰辛和他们对你无私的爱。

记一记

欣赏歌曲《好爸爸》、《烛光里的妈妈》、《爸爸妈妈》，仔细看歌词，理解其中的意思。

09

你要学会自己的事自己做

NI YAO XUE HUI ZI JI DE SHI ZI JI ZUO

亲爱的孩子，你是生命馈赠给我们的最珍贵的礼物，你是我们最珍惜的宝贝。我们愿意把这个世界上所有最好的东西都给你，只要你快乐和幸福。

你从蹒跚学步，到自己背着书包去上学，这中间的一点一滴，我们永生不会忘记。很多时候我在想：除了生命，除了生活上的一些物质条件，我们还应该给你什么，才能够让你在以后的人生路上不畏险阻？

我想，我们不能够陪你一辈子，总有一天，你要独自远行，去寻找自己的天空。那么，或许我现在能做的，就是早一点儿培养你的独立能力，好让你将来更快地适应一个人奋斗的生活。

孩子，每个人来到这个世界上，都有自己的路要走。很多属于自己的事情，都要独立解决。如果什么事情都幻想着依赖别人，那么总有一天，你会成为一个不能独自生活的寄生虫，当然更不可能拥有美好的人生了。有这样一个故事：

20世纪30年代，松下幸之助曾经与国道电机工厂合作生产收音机。可是第一批产品投放到市场后却退货如山，恶评如潮。

松下幸之助急忙找到国道电机厂的老板北尾，要求他改进技术，没想到北尾却傲慢地说："如果制造收音机像你说的那么简单，就谁都能做了！"

松下幸之助无奈之下，生气地离开国道电机厂。之后他又找到自己厂子里的技术员中尾哲二郎，说："中尾君，目前松下收音机的事你也知道了，我希望你带头开发零故障收音机。拜托了！"

中尾为难地说："这我可是外行，一点儿基础没有，可怎么开发呀?"

松下幸之助说："你必须做到，不会就学，先买些收音机分解研究，一定能做成的。"

中尾接受任务后，马上带领一班人马，开始夜以继日地研究、设计。经过反复检测、制造，几个月后终于成功了。他们研制出的收音机在日本广播协会取得了第一名的好成绩，产品投放到市场以后，很快以质量优、性能好而独占鳌头，稳稳当当地占领了国内市场。

大家都欢呼着向松下幸之助祝贺，松下幸之助感慨地说：“靠谁都不是长久之计，一切困难最终都要自己解决。”

是啊，做任何事情依赖任何人都是不现实的，或许别人会给你提供一个机会，但最终的问题还是要靠自己去解决。

孩子，从现在开始，你不能再事事依赖我们，不管是在学习上还是生活上，遇到难题的时候，我们可以指导你协助你，但你绝对不能再让我们代替你完成。自己的事情要自己做，你要学会独立。只有这样，你才可以更好地掌握独立的本领，将来才会照顾自己。

孩子，从现在开始，动手做你力所能及的事情吧，努力啊！

做一做

要学会独立，你可以这么做：

★逐步建立独立观念。要知道你已经长大了，生活、学习不能完全依靠父母和老师，要慢慢地学会自己的事自己做，遇到问题和困难自己想办法解决。

★要相信自己。很多事情以前没做过，刚开始做时会有畏惧心理是很正常的，这个时候你要相信自己一定能做好。因为爸爸妈妈也是从不会到会一点一点学会的。抓住机会锻炼自己，相信不久后，你就可以做得又快又好了。

★要培养自己对家庭的责任感，把自己当做家庭中所需要的一名成员看待。作为一名家庭成员，我们和父母一样有责任和义务分担家庭的所有事务和困难，除了自己的事情尽量自己做，你还可以帮助父母做些家务，减轻他们的负担。

记一记

我们虽可以靠父母和亲戚的庇护而成长，依赖兄弟和好友，因爱人而得到幸福，但是无论怎样，归根结底人类还是依赖自己。

——歌德

10 欣赏别人，你学到的会更多

XIN SHANG BIE REN NI XUE DAO DE HUI GENG DUO

孩子，我想起刚才在饭桌上的谈话，觉得十分有必要给你写这封信。

刚才我们大家一起吃饭时，你用一种不屑的语气说：“今天我突然发现，小眉的皮肤真是太黑了！”接着你又说其他同学给小眉起了各种各样的外号，都是很不雅的那种，而你对此却幸灾乐祸。

孩子，小眉不是你的好朋友吗？你怎么可以用这种语气讨论她？我也曾经见过小眉，她是一个温柔可爱的女孩，脾气很好，而且学习用功，听说她从小练书法，字写得非常漂亮。

孩子，小眉的这些优点你怎么不说呢？再说她的皮肤黑是个人的容貌问题，你是没有权利去嘲笑她的，更不能以此作为交朋友的标准。我记得曾经给你讲过这样一个故事：

森林里有许多美丽的动物，其中以孔雀最美，但是，它却没有一个朋友，整天孤零零的。这是为什么呢？

有一天，孔雀展开五颜六色的长羽毛，缓缓地在树林中漫步。这时，有一只全身纯白的鹤刚好路过这片树林，停在一棵树下休息。

孔雀看到这只陌生的鹤就故意走过去吸引它的注意。白鹤觉得孔雀的羽毛十分漂亮，就夸赞它：“啊！你的羽毛真是漂亮极了！简直比蝴蝶的翅膀还要鲜艳美丽。”

孔雀被白鹤这么一夸奖，内心当然十分高兴，就更加骄傲了。它斜斜地瞧了白鹤一眼，觉得这只鹤全身雪白，一点儿花样也没有，就说：“你长得真奇怪啊！怎么羽毛都是白色的，多么单调啊！你看我这一身，五颜六色的，而且搭配得这么体面。唉！白鹤先生，如此难看的羽毛你也能忍受？我说啊，你实在应该去换一换羽毛了！”

白鹤听了孔雀尖刻的嘲笑，很不高兴地说：“孔雀先生，你的羽毛虽然美丽，但是嘴巴却不饶人。好了，再见，我要去会见我的朋友了！”白鹤说完立即飞走了。

从此，孔雀只好又孤零零地在森林中走来走去。所有的动物遇见它都要躲开，谁也不愿意和它说话，因为它们都曾经被孔雀尖刻的话语伤害过。

孩子，你知道吗？孔雀虽然很美丽，但是在偌大的森林中却没有一个朋友，这全是因为它的刻薄，伤害了别人的自尊心。

孩子，你要知道，在这个世界上，没有十全十美的人，所以在我们自己以及朋友的身上，可能也存在一些缺点。但是，瑕不掩瑜，我们要学会从整体上看待一个人，欣赏并学习他的优点，一个懂得谦虚并欣赏别人的人会收获更多友谊。

所以，孩子，我希望你也应该学学那些会用欣赏的眼光看别人的人，用真诚的赞美赢得友谊。希望你能学会取长补短，而不是刻薄挑剔。你可以做到吗？

做一做

欣赏别人是对他人的一种肯定。懂得欣赏，我们才能真正从别人身上发现并汲取向上的力量，收获成功与喜悦。

★学会欣赏合作者。无论是谁，他们身上都或多或少有值得我们学习的地方，我们都应该学会欣赏。

★只有互相欣赏，彼此才能增进了解，凝聚成奋斗的集体；只有相互欣赏，合作伙伴之间才能求同存异，加强合作，我们才能取得更大的进步。

★要学会欣赏竞争对手。竞争与发展是同在的，只有适度保持动态平衡，我们才能求得进步、谋得发展。因此我们要学会欣赏对手，这其实也是在为自己的成功铺路。

★学会欣赏自己。懂得欣赏自己的人才懂得欣赏他人。欣赏别人的优点的同时别忘了也要发现自己的优点，对自己也要有同样的自信。这样和别人比起来你才会发现自己与别人的不同之处，才会取长补短，在欣赏中求得进步。

记一记

苏轼与佛印同坐参禅。苏轼问佛印："视我若何？"佛印答曰："似佛！"

"汝视我若何？"佛印反问。

苏轼笑答："似牛粪。"言毕，佛印笑而端坐不语。苏轼扬扬自得，归家，告之其妹。妹笑之："佛印心有佛视你若佛，汝心为牛粪，乃视其为牛粪。孰胜？"苏轼乃愧疚不已。

第2章

信守诺言

11

伸出双手，去帮助他人

SHEN CHU SHUANG SHOU QU BANG ZHU TA REN

孩子，不知道你能不能理解这么一句话：“爱和帮助不仅仅让别人快乐，也会让自己快乐。”

我想，从小到大，你肯定无数次地听过“助人为乐”这句话，也听过许多助人为乐的真实故事。不知道你对这些有什么样的看法。让我先给你讲一个故事吧：

小松鼠欢欢在岭外森林小学上学。这天，山羊老师布置了一项作业，要每人都去寻找一种叫快乐的东西。

一放学，欢欢便飞奔回家问爸爸：“爸爸，请您告诉我快乐是什么东西。”

爸爸正在看报纸，它抬起头说：“欢欢，这快乐的答案只有你自己可以找到。”

于是，第二天欢欢便和灵灵、乐乐一起去寻找快乐。在寻找快乐的路上，它们在河边救助了被河水围困的小鸡多多，并且经过大家的共同努力帮助多多找到了自己的家。

看到它们一家团聚的感人情景，欢欢、灵灵、乐乐都高兴得一蹦三尺高，猛然间，欢欢大叫起来：“我找到快乐了！”是的，经过这件事它们终于明白：原来帮助别人找到快乐的时候，自己就能得到快乐。

什么是快乐？怎样才能找到快乐呢？欢欢它们最终寻找到的快乐秘密就是：帮助别人，看着别人快乐，自己也就快乐了！与此相反，那些自私的，不肯以自己的举手之劳帮助别人的人，肯定是不会快乐的。

一天，上帝派人把猫头鹰叫来，给了它各种各样的眼睛，叫它去分给所有的鸟类。

猫头鹰是个爱占便宜的家伙，有这样的好事，它自然不会错过。于是它悄悄藏起了自己认为最好的眼睛，然后将余下的眼睛分给了其他的鸟。

所有的鸟都安上了眼睛。大家个个称心如意，又跳又唱，高兴得不得了。可

是猫头鹰的眼睛太大了，和头的大小极不相称，一安上去，整个脸形都变了，看上去反而显得很丑。其他的鸟儿见了，都忍不住笑起来。

猫头鹰又羞又愧，但事到如今，已经无法挽回了。它只好白天在家里睡觉，到了晚上其他的鸟都睡着了，才敢跑出来找点东西吃。就这样，猫头鹰不敢在白天出门，它的朋友越来越少，它整天皱着眉头，再也找不到快乐了。

孩子，你说，像猫头鹰这样自私自利的人怎么会快乐呢？

孩子，你要记住，所有充满爱心的人都会受到人们的喜欢和尊重。你在得到别人的爱心的同时，也别忘了付出你的爱心。只有在小的时候拥有一颗善良的心，长大之后才能有仁慈的品质，才能成为一个富有道德情感的正直的人。

帮助别人，也就是帮助了自己。只有付出爱心，才会收获爱。一个人只有在爱与被爱中才能真正体会到生命的意义。所以，孩子，你要去关注身边的人，尽力帮助他们，尽可能友善地对待他们，而不是只埋头关注自己的欲求。

做一做

怎么样才算是助人为乐呢？你可以这么做：

★帮助老人过马路、提东西。听到他们对你说“谢谢”的时候，把你内心的快乐记在日记里。

★帮助爸爸妈妈做家务，把你的感受和爸爸妈妈的感受写下来，读给好朋友听。

★帮助生病的同学补课。在给他讲课的过程中想想自己从这次帮助中收获了什么，在第二天的课间和同学们讨论一下。

★主动修补一下教室里坏了的桌椅，第二天看看桌椅的主人欣喜的表情，对自己说声：你真棒。

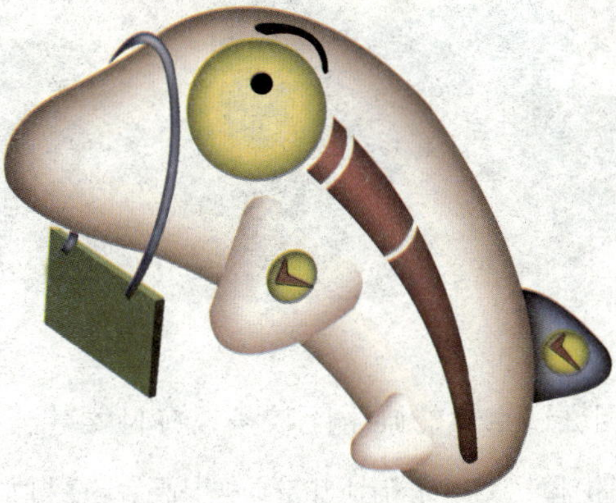

记一记

你要记住，永远要愉快地多给别人，少从别人那里拿取。

——高尔基

12

你理解孝敬父母的意思吗？

NI LI JIE XIAO JING FU MU DE YI SI MA

孩子，最近一段时间，咱们班过生日的同学比较多，有时候甚至有两三个同学在同一天过生日。因此，“生日”这个词出现的频率很高，在课间休息的时候，经常见到你们三三两两聚在一起唧唧喳喳地讨论。有时候，一些同学也会走过来，满脸幸福地告诉我：“老师，明天我也过生日了！”

我笑着祝福你们，祝福你们每一个人又长了一岁，祝福你们永远这么开心快乐。然而有时候我也在想：你们是怎么样过生日的呢？

我也知道，你们当中有些人家里条件很优越，爸爸妈妈也十分疼爱你们，所以你们过生日，肯定是要大大地热闹一番，有很多精彩的节目，还会收到许多精美昂贵的礼物。

但是，除了这些，在生日那天，你们还会做一些什么特别有意义的事情呢？昨天我在一本书上看到一个故事，刚好是有关过生日的：

这天，老师向同学们提出了一个问题："这几天有谁要过生日了吗？"凯瑟琳和玛丽举起手来。

凯瑟琳生活在一个富裕的家庭，她的父亲是一个很有名的商人。她聪明美丽，闲暇的时候，她会用那一双修长而美丽的手弹奏钢琴。修长的手指弹奏出的音乐非常动人，得到了很多人的夸赞。"我的手是最美丽的！"凯瑟琳常常这样自豪地说。

这时候老师又问："凯瑟琳，你的生日是怎么过的呢？"

"我爸爸妈妈带我去游乐园玩，晚上我们在美丽的烛光下唱生日歌。"凯瑟琳得意扬扬地说道。

老师点点头，又问玛丽："亲爱的，你又是怎么过的呢？哦，你的手怎么了？"

此刻，凯瑟琳看见玛丽举起的手又红又肿，她得意地想："玛丽的手看起来好粗糙啊！"

玛丽的脸红了，她轻声说："昨天是我的生日。妈妈身体不好，我就把所有的衣服都洗了……"

教室里静悄悄的。老师走到玛丽身旁，举起那双又红又肿的手，说："我想，玛丽过了一个最有意义的生日。玛丽的手是我们班上学生中最美丽的手。"

老师又说："孩子们，记住，过生日的时候不要只是一味地索取，应该为爱你们的人做点什么有意义的事情。"

孩子，看完这个故事，对比一下你们过生日的情景，有什么感想呢？

故事中那位老师说得多好啊："过生日的时候不要只是一味地索取，应该为爱你们的人做点什么有意义的事情。"所以，孩子，在你们生日那天，应该好好地想想妈妈爱怜温柔的眼睛，想想她永远宽容的怀抱；想想爸爸无怨无悔的付出，想想他不断长出的白发。

孩子，我希望你们在生日那天，能够帮爸爸、妈妈做些家务，要尽你们的能力为他们做一些事情，以表达对他们的感激和爱。

做一做

爸爸妈妈为我们做了很多事，那么我们要怎样做才能表达出对爸爸妈妈的爱呢？下面谨提供一些小方法，你可以试试看。

★说感恩的话。当爸爸妈妈下班回家或干完家务时要说声“您辛苦了”，当爸爸妈妈为自己辅导功课，做饭或做其他的事时要记得说声“谢谢”，平时做到不和爸妈顶嘴等等。如果你能做到这些，相信爸爸妈妈一定会很高兴的。

★观察父母一日的工作和生活，想想父母曾经为你做过的最令你感动的一件事，倾听一下父母的烦恼，列出父母的烦恼清单……如果可能的话，看看自己能不能为他们做点力所能及的事情。

★给爸爸、妈妈写一封信，在信里你可以表达你对他们的感激之情，也可以为他们某一方面的烦恼开出“快乐处方”，帮助他们排忧解难。

★每天为父母做一件事，例如吃饭时为他们夹菜，每周帮忙打扫卫生、洗衣服；给父母洗一次脚，或捶一次背、揉一次肩；坚持为他们制作生日卡、节日卡。

第12封信

你理解孝敬父母的意思吗？

记一记

对父母，要关心。

自己事，自己做。

家务事，帮着做。

养育恩，牢记心。

13 我们希望你能信守诺言

WO MEN XI WANG NI NENG XIN SHOU NUO YAN

“君子一言，驷马难追。”孩子，记得小时候，你经常与我们拉钩，然后郑重其事地说这句话。对于我们之间的每一个小小的约定和承诺，你都是十分认真的。其实，我们真的很喜欢你对待承诺的那种认真的态度。

你渐渐长大了，不再轻易和我们玩这种游戏。但是我们知道，在你以后的生活中，还有许多事情需要你的承诺，需要你用认真的态度去实现承诺。你是否言而有信，关系到你在生活和社会中的形象，关系到你的人生。

人们都喜欢一诺千金可以信任的人。孩子，如果你能够一直保持这种守信用的习惯，就一定会有一个健康而且成功的人生。曾经看过这样一个故事：

有个女孩小的时候，曾有一个男生开口向她借钱，而且张口就是借两元钱。在当时，这相当于女孩两个月的零花钱。女孩有些犹豫，因为人人都知道那男生家很贫穷。

女孩的为难令那男生难堪，他低下头，说那钱他有急用，又说保证五天内归还。女孩不知怎么拒绝他，只得把钱借给了他。

时间一天一天过去，到了第五天，男生竟没来上学。整个白天，女孩都在心里责怪他，骂他不守信用。

女孩在晚上快要睡觉时忽然听到窗外有人叫她，打开窗，只见窗外站着那个男生，他的脸上淌着汗，手紧紧攥成拳头，哑着喉咙说："看我变戏法！"他把拳头搁在窗台上，然后突然松开，手心里像开了花似的露出了两元钱纸币。

女孩惊喜地叫起来，他也快活地笑了，仿佛他们共同办成了一件事，让一块悬着的石头落了地。他反复说："我是从旱桥奔过来的。"

后来，女孩得知，他当时借钱是急着给患低血糖的母亲买葡萄糖，为了如期归还借款，他天天夜里到北站附近的旱桥下帮菜农推菜。到了第五天拂晓他终于攒足了两元钱，可是他困极了，就倒在桥洞中睡着了，没料到竟睡了一整天。醒来后他就开始狂奔，所有的路人都猜不透这个少年为何十万火急地穿行在夜色中。

那个男孩后来成就了一番事业，也许他早已忘记了小时候发生的这件事，可是那种一诺千金的品质一直伴随着他走向成功。

是的，孩子，一旦你向别人许下了诺言，就一定要去实现。在这个世界上，还有许多人轻易许诺，却缺乏诚意，以玩笑的态度欺骗他人，结果，再没有人相信他们，他们说的每一句话都让人怀疑，他们的良心和名誉变得一钱不值。这种人在生活和社会中总是处处碰壁，吃尽苦头。古代有一则寓言，说的就是一个言而无信的商人最终因为自己的不守信用而丢失了性命的故事。

遵守诺言是一项重要的情感储蓄，违背诺言是一项重大的支取。因此，孩子，你要非常谨慎小心地许诺，尽量考虑到各种可变因素和偶发条件，以防突然发生某些情况，妨碍履行诺言。孩子，如果你养成了一诺千金的习惯，别人会因为你的成熟和富于预见性而倾听你的意见和你的劝告。我也相信，信守诺言的习惯会为你铺就成功的人生路。

做一做

在日常生活中，免不了会对别人许诺。许诺既有积极的一面，也有消极的一面，所以，许诺时一定要慎重。

★许诺之前请三思，不要轻易许诺。在许诺时，一定要考虑自己能否实现诺言。如若不能实现，就不要乱开“空头支票”，否则会深深伤害到别人。

★学会说“不”。很多时候，面对不得不向别人许诺的情况时，一定不要勉强答应，因为越是这样许下的诺言越容易给别人带去伤害。如果真的做不到，一定要学会说“不”，时间长了，大家都会了解你，不仅不会责怪你，相信还会佩服你的判断力。

★不能让许诺变成欺骗。如果向别人承诺了，就一定要想办法去遵守，而不能让承诺变成欺骗。否则，最后受伤害的还是自己。

★积极应对诺言不能兑现的结果，有时由于意外情况影响了诺言的兑现，这时千万不要逃避责任，你可以耐心地向对方解释原因，取得对方的理解和原谅，并在以后寻找适当的机会兑现自己没有实现的诺言。

记一记

许诺固然可以获得友谊，但培养和保持友谊的还是行动。

——费尔瑟姆

14

大意总是给你带来麻烦

DA YI ZONG SHI GEI NI DAI LAI MA FAN

又一次考试过去了。孩子，我很欣慰，你的成绩还是那么好。晚上，你把试卷带回来，要让我们签字。99分，这个分数很高。我满意地察看起你的试卷来，想看看你的那一分丢在哪里。出乎我的意料，竟然是一个小数点的位置弄错了，你说是因为不小心而弄错了。

你因为一个小数点而丢失了一分，这让我想起了关于一粒沙的故事：

有一个参加长跑比赛的选手每天都在跑步。有一次，在跑过一片沙滩的时候，鞋里灌满了沙子，他匆匆把鞋子脱下，胡乱地把沙子倒出来，便又急忙奔向前面的路程。可是还有一粒沙子仍然留在他的鞋里，那粒沙子磨着他的脚，使他每跑一步，就疼一下。但是他不想停下来把那粒沙子倒掉，因为他怕浪费时间，担心在太阳落山之前赶不到住宿地。

于是，在痛苦的折磨中，他终于赶到了那个地方。天晚了，疲惫的他忘了脱鞋倒掉那粒沙子，躺在床上沉沉睡去。第二天，天刚微亮的时候他便匆匆起程，奔向新的目标。就这样，他在痛苦中疲惫，又在疲惫痛苦中起程，始终不曾把那粒沙子倒掉。

终于有一天，在离终点不远的地方，因脚痛难忍，他不得不止步，最后放弃了比赛。当懊恼、痛苦的他忍着揪心的疼痛把鞋子脱掉的时候，发现让自己痛苦了几天并最终放弃了比赛的仅仅是一粒不起眼的沙子。

一粒沙，看似小，却是前途中的极大障碍，如果这个运动员能够及早地倒掉它，就不会发生这样令人遗憾的事情了。

孩子，你现在犯的，不也正是这样的错误吗？这个小数点就相当于故事中的那一粒沙，虽然不起眼，却能影响你的成绩。而归根到底，这一切要怪那个运动员不仔细检查一下自己的鞋子，怪你的粗心大意点错小数点的位置。

孩子，其实在学习和生活中还有很多类似的事情。往往是一些小事情、小危险、小障碍、小错误，如果你没有认真对待，存在侥幸心理，就会造成极大的损失。

因为粗心大意而犯下的错误，不仅会伤人，还会害了自己。任何一个小小的疏忽，都可能导致大错，而且，这一过错将造成无法弥补的损失。

第14封信

大意总是给你带来麻烦

记一记

粗心的小画家

（儿歌）

丁丁是个小画家，
红蓝铅笔一大把。
画只螃蟹四条腿，
画只鸭子尖嘴巴。
画只小兔圆耳朵，
画匹大马没尾巴。
哈哈哈，哈哈哈，
真是个粗心的小画家。

有一位智者曾经说过，避免一切小小的失误，就能减少巨大的意外挫折。孩子，粗心大意真的要不得，它可能让你失去一分，也可能让你在关键的时刻落后于他人，甚至可能让你承受巨大的失败和痛苦。

所以，我希望你从现在开始，努力去克服粗心大意的坏毛病。在学习和生活中，要严格要求自己，不要轻视一个小标点符号的作用，不要轻视一个小数点的位置，做任何事情都要认真对待，避免粗心大意。

做一做

如何在平常做作业和考试时克服粗心大意的毛病呢？这里提供几个方法参考一下：

★培养“专心致志、细心认真”的精神，只有在思想上解决问题了，才能从源头上克服粗心大意的毛病。有一句话叫“细节决定成败”，你应该经常想想这句话以勉励自己。

★找一个学习榜样。找一个做事很认真细心的同学作为自己克服坏毛病的榜样，看看平常他怎么做，这个榜样还可以起到监督的作用。坚持下去，你肯定会看到效果。

★用一个专门的笔记本充当“错误备忘录”，把自己所有粗心大意的事都记下来,随时翻看随时提醒自己，这个方法的好处是很直观，你可以通过今天和昨天、前天的对比，来看看自己究竟有没有改进，哪儿还需要改进。

15

把『谢谢』记心间

BA XIE XIE JI XIN JIAN

孩子，其实我一直觉得你有点儿“身在福中不知福”。我曾经问你：“在生活中，哪些人爱你，哪些人曾经帮助过你？”

你想了想，说：“当然是我的父母最爱我。我的老师，我的朋友和同学都曾经帮助过我。”

我又问你：“他们怎样爱你？他们又如何帮助你？”

你说：“妈妈每天为我准备可口的饭菜，爸爸为我提供了最好的学习条件。老师在我的作文后面写了好长的批语，好朋友总在我不快乐的时候听我倾诉，陪我散心。他们为我做了许多事情。”

然后我又问你：“你感激他们对你的爱和帮助吗？”

你毫不迟疑地点点头。

“那你怎样表达你对他们的感激呢？”

你想了许久，摇摇头，说：“我从心里知道他们的爱和关心，但我从来没有对他们说过。”

孩子，问题就在这儿。长期以来，父母、老师、朋友一直在爱护和帮助你，而你却把这一切视为理所当然，从来就没有想过去表达你的感激和爱，甚至一句“谢谢”也没有。

我曾经听说过这样一个故事：一个盲女在妈妈生日时送给自己的母亲一份礼物，那是一点一点扎在生日贺卡上的盲文。她的妈妈看不懂，请别人给翻译，没想到那段盲文竟让她泪流满面，那段盲文是：“妈妈，谢谢你把我养大！虽然你没给我眼睛，但谢谢你给了我生命；虽然我看不见你，但我永远爱你，感谢你……”

这个女孩的妈妈肯定是一个伟大的母亲，她为自己双目失明的女儿付出了很多，她像天下所有的父母一样，无条件地爱着自己的孩子。我想，这个妈妈同时也是十分幸福的，因为她的女儿不仅体会到了她的爱，而且用一张贺卡和一句“谢谢”表达出了对她的感激和爱。她收到的，的确是一份最珍贵的礼物。

同时，我想，这位双目失明的女孩也是最懂得爱的。她对妈妈、对生活抱着一种感激的态度，用感恩的心去体会别人给予她的爱和关心，这样的人，心中肯

定充满了温暖的阳光和爱。

孩子，你要知道，有时，感激之情都凝聚在“谢谢”这两个字上了。陌生人之间需要“谢谢”，朋友之间也需要“谢谢”；困境中需要“谢谢”，幸福时也需要“谢谢”……生命需要“谢谢”，因为不懂得“谢谢”的人，就不懂得人生，不懂得生活，不懂得爱，不懂得做人。孩子，如果你怀有感恩之心、感激之情，就尽快把它表达出来吧！要让“谢谢”成为你心灵的白鸽，而不要让它成为长期压在你心上的石头。

孩子，今天，你说“谢谢”了吗？

做一做

感恩的几种表达方式：

★早上起床后，向父母问候：“爸爸、妈妈，早上好！”

★晚上睡觉前，对父母说：“爸爸、妈妈，晚安！”

★出门前向爸爸、妈妈说声：“爸爸、妈妈我走了，不要担心！”

★三八妇女节、母亲节、父亲节，记得给父母献上一束鲜花，然后告诉他们“节日快乐”。

★记住爸爸、妈妈的生日，生日当天要大声对他们说：“爸爸，祝您生日快乐！”“妈妈，希望您健康长寿！”还可以准备一个特别的小礼物，如果是自己亲手做的就更好了。

★经常对父母说：“您辛苦了！谢谢！”

听一听

听一听歌曲《感恩的心》，看看能否理解歌词所要表达的意思。

16 你要自己写日记了

NI YAO ZI JI XIE RI JI LE

让我想想，孩子，我曾经给你写过一大本的日记。这是一本关于你成长的日记。这本日记里，包括了你第一次睁开眼睛时的情景，你生命初期的每一次惊奇，你第一次叫出“爸爸妈妈”，迈开人生第一步，还有你的每一次哭泣、每一次欢笑，等等。

这是一本珍贵无比的日记，包含了我们对你的浓浓爱意。在你8岁生日的时候，我们把它郑重地送给你。

后来，在我们的鼓励之下，你也开始写日记。虽然因为种种原因，你的日记时断时续，但是我发现，这些被你记下来的事情，确实很有意义。在这里，我列举几篇：

2004年5月20日

有些大人总是羡慕小孩无忧无虑，其实当小孩也不容易。为什么呢？

大人可以做自己想做的事，即使做错了，小孩也不能批评他。而我们小孩就不一样了，比如，只是因为我还有一些作业没有写，爸爸就只让我玩一个小时，而他却天天坐在电脑前。真不公平，谁让我是孩子呢！

做小孩的在学校要考高分，回家除了做老师布置的作业，还要做爸爸、妈妈布置的作业。唉，说实话，大人真自由，当一个小孩还真是不容易。

2004年9月12日

刚才翻看了上学期写的一些日记，哈哈，挺有趣的，仿佛看见了上学期我干的那些傻事。

看，那次因为我的粗心大意把班里的体温计摔坏了，当时我的心情非常沮丧。不过，后来在爸爸的帮助之下，我渐渐改掉了粗心大意的毛病。现在考试的时候，再也不会因为粗心大意而白白丢分了，真的很感谢爸爸。

爸爸今天又加班了，最近他特别忙。看来我以前的想法也有失偏颇，做大人并不是那么自由的，他们的责任可大了。

孩子，从这些文字中，我看到你正在学会独立思考，正一步步地成熟起来，这让我们由衷地感到高兴和自豪。

孩子，我真的很希望你能够把写

第16封信
你要自己写日记了

记一记

有很长一段时间《雷锋日记》都是大家爱不释手的书籍，现在也仍有许多人很喜爱这本书。请找到这本书，认真地读一读雷锋同志写下的日记，然后把你的感想写在日记里。

日记的习惯坚持下去。日记可以是你生活的忠实朋友，记录下你的成长经历，宣泄你的忧愁烦恼。从另外一个方面来说，日记还可以帮助你提高写作水平。

就像走进大自然一样，写日记是启迪心灵的灵丹妙药。它能成为你的安慰、你最好的朋友，你可以在日记中倾诉衷肠,而且写下未经加工过的心里话，还可以使头脑清醒、增强信心。写日记还能促使你更加清楚地认识自己。读一读过去的日记，能够找到很多乐趣，能看到自己的成长。

孩子，坚持把日记写下去吧，总有一天你会发现，因为你现在的坚持，你可以把自己的一生都紧紧握在手里，那该是一件多么幸福的事啊！

做一做

写日记的时候会碰到很多问题。这里就提供几点建议供你参考：

★要留心观察生活。学校的生活丰富多彩，每天接触家长、老师和同学，对你有影响的人和事一定不少。只要你善于注意身边的一切，留心观察生活，就一定能写出有意义的人和事，写出自己心灵深处的体验。

★学会抓住生活亮点。留心观察身边的人和事，把自己感触最深的一点或几点写出来。

★应该及时写下感悟。不必受时间和空间的限制，最好抓住灵感，及时写下生活感悟，这样写出来的内容才是真情的流露，才能令人感动。

★要持之以恒。长期坚持下去，你的写作水平一定能提高。

17 在哪里跌倒，就在哪里站起

ZAI NA LI DIE DAO ZAI NA LI ZHAN QI

心爱的孩子，你看这张照片上的你，独自站在那里，张开手臂，眼睛望着镜头，脸上虽然带着微笑，眼里却似乎还含着泪花。你可知道这张照片后面隐藏的故事？

那是你刚刚学走路时的事了。全家人围在你身边，希望亲眼看见你迈出人生的第一步。然而，你紧紧抓住我的手，不肯放开。最终，你听懂了我们的话，看着前边一边举着相机一边鼓励你的爸爸，犹疑地看看地面。在我们的鼓励之下，你慢慢松手，颤抖着迈出了一小步。在我们开心地笑起来的时候，你却摔在地上，大声地哭起来。我要扶你起来，你爸爸制止了我，他说要让你自己爬起来。

你见我们没有扶你，最后只好自己爬起来。当你再一次站起来的时候，对着前边的镜头咧嘴一笑。虽然脸上还带着泪花，但是我觉得这个微笑是勇敢的微笑。它被长久地定格在照片上了。我想，这是你人生的第一次挑战，而你勇敢地战胜了。

后来，有好几次在你因为失败和挫折而感到难过的时候，我们并没去安慰你，即便我们感觉到了你的委屈。你是否在想，我们是不是不再关心你，不再爱你了？

不是这样的，孩子。作为你的父母，我们永远关心你、爱你，这一点是毋庸置疑的，你应该相信。只是我们在想，应该培养你的勇气，让你在不小心跌倒的时候，能够勇敢地站起来，去面对困难，去挑战。

孩子，人生之路并不像你想象的那样简单，也不是那样平坦广阔、一帆风顺，你总会遇到这样那样的困难。如果你不能在失败面前重振旗鼓，那么过去所有的努力就会烟消云散，更谈不上真正的成功了。有这样一个故事：

一个孩子十五六岁了，虽然长得高高大大，但是一点儿男子汉的气概都没有。他的父亲为此很是烦恼，于是他决定把孩子送到一家武术馆，进行严格的训练。

三个月后，父亲来检验结果。教练特意安排了一场比赛，让这位父亲观

看。一个大一些的选手一出手，孩子便倒在了地上，但是很快他又站了起来，精神抖擞地迎接对手的挑战。在这场无情的比赛中，父亲的眼睛湿润了，儿子一次又一次被强大的对手击倒，但是他始终坚持爬起来，寻找着还击的最佳时机，他的勇气和坚持深深震撼了父亲的心。

在这个故事中，那个孩子一次次被打倒之后，仍然能够站起来，面对挑战，寻找机会。他这种百折不挠的拼搏精神，不服输的进取心，永不言败的执著，面对挫折的忍耐力和自信心多么让人感动啊！

孩子，我多么希望你也能够拥有这种精神。一次两次的失败并不可怕，也不会失去别人对你的尊重。人们不会去嘲笑一个勇敢的失败者，因为大家知道他肯定会重头再来，夺取更大的胜利。人们只会嘲笑那些赢得起输不起的人，因为知道他们失去了奋斗的勇气，永远站不起来了。

孩子，你要相信，所有的困难和不快都是暂时的，你应该一笑而过，忍一时的挫折或打击，从头再来。

孩子，你要记住，在人生路上，鲜花与荆棘总是相伴，阳光与风雨总是同在，成功与失败总是并存。所以，你根本没有必要去伤心，去懊恼，甚至让自己颓废下去。只要你坦然地面对那些挫折，勇敢地去挑战，这个世界上就没有你赢不了的战斗！

第17封信
在哪里跌倒，在哪里站起

记一记

失败也是我需要的，它和成功对我一样有价值，只有在我知道一切做不好工作的方法以后，我才能知道做好一件工作的方法是什么。

——爱迪生

做一做

如何正确面对失败和挫折？

★首先要建立起战胜困难的自信，这是走向成功之路的基石。有了自信，才能有勇气面对失败，有了自信才能有前进的动力。请勇敢地树立起自信心！

★树立正确的挫折观。人的一生是不可避免要遭受挫折的。正确面对挫折，就要在碰壁后认真分析挫折产生的主客观原因，而不能抱怨和逃避，只有正视它，挑战它，你才可以克服和消除挫折，同时也磨炼了自己的意志。

★控制自己的情绪，调整心理状态。遭遇挫折后要有意识地控制自己的情绪，调整好心理状态，避免加重挫折感或由挫折带来新的挫折。

18

让我们去亲近大自然

RANG WO MEN QU QIN JIN DA ZI RAN

孩子，我现在对你的那篇关于春天的作文还念念不忘。我清楚地记得，那是去年3月底的一个周末，我们带着你去郊外踏青。在青山绿水中，你的心情非常好，快乐得又叫又跳，回来后就写了这篇文章。真没想到，一次寻常的踏青，竟然让你从大自然中学到很多书本上没有的知识，还找到素材，写出了这么优美的文章。我们感叹，以后一定多带你出来。

孩子，其实以前我一直在担心，从小在城市里长大的你，会不会有一天也会感觉到疲惫和麻木，面对喧嚣的环境，再也体会不到自然的气息。

我们每个人都是大自然的孩子，有容易感动的纯洁心灵，有善于发现自然之美的明亮眼睛。只是，都市的高楼大厦和穿梭的车流挡住了我们的视线，使我们极少有机会看到高山流水，不能闻见野花绿草的清香。

孩子，当我为这一切感到遗憾的时候，真心地希望你能够时常走出拥挤的城市，去看看青草绿树，听鸟儿的脆鸣，感受山泉的清凉。

大自然美丽的风景，可以洗去你所有的烦恼与疲倦。在一望无际的原野，有一片片碧绿的草地，上面长出一朵朵美丽芬芳的野花。在这里，你可以真正地体会到“风吹草低见牛羊”的原始气息。

还有那绵延不绝苍翠如黛的群山，远远望去并不高，可当你到山脚下时，抬头一看，就会发现它们是那么雄壮威武，像一个个巨人，任凭风吹雨打、日晒雨淋，仍然坚定不移地挺立着。它们无声地屹立在大地上，让人敬佩。

孩子，我相信你也曾经不止一次地在各种文章里读到过对大海的描述，大海能够让你体会到惊涛拍岸的豪迈激情，也能让你体会到狂风暴雨之后的平和宁静。

世界上最懂得生活的是水手，在他们出海的日子里，一条船就是一个世界，而大海则是茫茫的宇宙。所以，他们的世界操纵在自己的手里，船要驶向何方，完全由他们自己决定。他们在有限的条件下，进行了最有效的合作，每一个人都是不可或缺的，但是每一个人都无法主宰一切。

海底有丰富的矿藏，还有珍稀的鱼类和珍珠。大海总是那么雄奇，那么深沉，那么神秘。我觉得，一个人能够在年少的时候，去感受大海浩瀚的美和平静的深沉，一定能够让心灵得到滋养。

孩子，在阳光明媚的春天，我们一起去郊外踏青吧。或者我们去看大海，去感受大海的宽广无边。我相信，这一切，可以让你的头脑更充实，让你的心胸更广阔。

做一做

郊游地点大都远离城市，物质条件较差，但是活动空间大，接触的事物也比较新鲜，因此郊游时注意安全很重要。

★事先对活动路线、地点进行勘察，强调活动纪律，确定负责人。小学生外出郊游要由成年人带领，最好不要自己去陌生的地方旅游，否则发生意外很难得到照顾。

★要携带充足的饮用水和食品。郊外早晚天气较凉，应适当带些衣物，穿运动鞋或旅游鞋。

★选择比较安全的、有路标的路线行进。不要贪图一时的探险刺激选择陌生的路，否则，一旦迷路或者碰上危险的动物，你就会陷入很危险的境地，找人帮助也会很困难。

★要把背包背在肩上，以防不慎脱手掉落。不在危险的地方停留照相。还要注意不要随便采摘、食用野外或路边的蘑菇、野菜和野果，以防发生中毒现象。

记一记

郊游歌

走走走走走，
我们一同去郊游。
白云悠悠，
阳光柔柔，
青山绿水一片锦绣。
走走走走走，
我们一同去郊游。

19

每天进步一点点

MEI TIAN JIN BU YI DIAN DIAN

孩子，此刻我在灯光下写这封信，看得见你正在书房里做暑假作业，我很高兴。但高兴之余，又有些担心。放假这些天来，学习不像平时那么紧张了，为了让你休息好，我们也没有像别的家长那样，让你去上训练班或补课。

然而，你似乎并没有理解我们的用心。这些天来通过我的观察，发现你很缺乏学习主动性。如果哪一天我没有强调和要求你做什么，你就会一直守在电视机前，懒散得不成样子，你似乎无聊得不知道该干什么好。

孩子，我想让你休息好，但并不是让你消磨时间，无所事事。我曾经给你讲过很多珍惜时间的故事，就是为了告诉你学会利用点滴的时间来积累知识，丰富人生，改变自己。

孩子，千万不可小看这每天一点点的进步。你认真想想，刚进小学的时候，你认得几个字？但是现在你可以阅读古今名著了。刚开始学英语的时候，你还只能认识几个字母，但是现在可以很熟练地用英语对话了。之所以出现这些巨大的可喜变化，靠的不正是你平时一点一滴的积累吗？有这样一个故事：

一个叫提夫的男孩对足球十分痴迷。一个偶然机会，他被父母送到了足球学校学习踢足球，父母希望他可以在自己喜欢的领域里有所成就。

在足球学校里有很多孩子，而提夫并不是他们当中最出色的一位，因为此前他并没有受过规范训练。提夫上场训练时，常常受到队友们的奚落，说他是“业余球员”。男孩为此很难过，他问教练：“我真的永远都是业余球员吗？”

“提夫，听过水滴石穿的故事吗？水滴很弱小，可是经过它长年累月地努力击打，石头还是被它砸出了一个坑。孩子，我希望你能明白，只要每天都努力，你每天都会进步一点点。你不会永远都是业余球员的。”

提夫相信教练，于是更加刻苦训练。每个队员的目标都是进职业队当主力，而职业足球队也经常来足球学校挑选后备力量。每次选人时，提夫都迫切希望被选上，他努力踢球，一次不行，就再来一次，不停地为进职业足球队而努力。

不久后的一天，提夫收到了职业队的录取通知书。他激动万分，希望教练可以与他一起分享。当他看到教练的时候，他发现教练的眼中同他一样闪烁着喜悦的光芒。

“提夫，祝贺你，你最终还是成功了！” 杰姆教练高兴地对他说，“也许你会是下一个球星！”

孩子，人生的每一天都应该充满新鲜感。每天进步一点点，并不是很难达到的目标，也并不难于实现。只是今天的我必须超越昨天的“我”，更进步，更充实，这样才能够不断地提升自己。

当然，在这个每天进步一点点的过程中，要始终坚持不懈，如果“三天打鱼，两天晒网”，或者自己给自己找借口，那就会像逆水行舟一样，不进而退。

孩子，我希望你能够很快明白，不再无聊地消磨时间。你要相信，现在每天的一点点努力和进步，最终可以成功地实现某个目标，可以一步步地实现你的人生理想。

做一做

如何有效利用时间？如何通过一点点的积累获得成功呢？下面提供一些参考：

★无论做什么都应该制订一个切实有效的计划，坚持做下去，并根据具体的情况不断作出适当的修订和调整，让它更合理有效。

★我们还是小学生，在学校学习的时间最长，所以利用好时间的一个重要标准就是上课专心听讲，当堂能记住的知识点马上记住，自习时要检查自己当天的学习效果，消化吸收。

★进行合理的时间统筹，节省时间。比如一些简单的事可以分步骤在同一时间段完成，把能节省的时间节省出来，然后用它来做自己一时没有做完或者非常想完成的事，这样可以充分提高效率。

记一记

单纯面对悬崖峭壁，一百年也看不出一条缝来，但用斧凿，能进一寸进一寸，得进一尺进一尺，不断积累，飞跃必来，突破随之。

——华罗庚

20 保持好奇心，多问为什么

BAO CHI HAO QI XIN DUO WEN WEI SHEN ME

孩子，我们清楚地记得，小的时候，你是一个“打破沙锅问到底”的孩子。那时候，周围的一切对你来说，都是新奇的。你好奇地观察着，不停地问为什么，有时候会把我们给问住了。

孩子，你知道吗？生活中有太多的“为什么”，只是常常因为我们的懒惰才故意忽略，久而久之，这些“为什么”就变成了永远解不开的谜，而我们的见识也不会有太多的增长。

孩子，我希望你能继续保持好奇心，多问为什么，做一个热爱思考、善于思考的人，以前如此，现在如此，将来也要如此。

热爱思考的人总是喜欢观察，周围世界发生的一切对他们来说，都可以引发出“为什么”来。你知道吗？也往往是这些善于发现并提出疑问的人，能够有丰厚的收获，取得伟大的成就，就像爱迪生小时候一样：

有很长一段时间了，爱迪生对家里养的那只母鸡产生了浓厚的兴趣，常常蹲在鸡窝边皱着眉头观察那只趴在窝里的正在孵小鸡的母鸡，显出一副深沉的模样。妈妈知道，儿子一定又在思考问题了。

果然，有一天，爱迪生动手把鸡窝里的那只母鸡抱了出来，结果被发怒的母鸡啄破了手。

爱迪生不解地问妈妈：“别的母鸡下了蛋以后，都跑到外面来大声叫着告诉人们，可这只母鸡为什么不出来玩儿，还那么霸道地看住几只鸡蛋不放？我想让它到外面跑跑，它还啄我的手。瞧，手都破了。”

妈妈听了儿子的话，忍不住笑起来。她边给儿子包扎伤口边告诉他：“这只母鸡正在预备做妈妈呢。它不是在下蛋，而是把这些鸡蛋放在身子底下，用身体温暖它们。这样过了一段时间，鸡蛋里面就会有一只小鸡雏，等它长成以后，就会伸出尖尖的小嘴把硬硬的蛋壳啄开，然后从里面跑出来。到那时，鸡妈妈就完成了孵小鸡的任务。”

妈妈又摸了一下爱迪生的头，说：“你把母鸡从鸡窝里抱出来，它肯定以为你要把它的小宝宝抢走，能不跟你拼命吗？”

真奇怪，母鸡趴在鸡蛋上就能生出小鸡来，那人趴在鸡蛋上面一动不动，是不是也照样可以生出毛茸茸的小鸡来呢？爱迪生歪着脑袋想着，已经忘记了手破的疼痛……

生活中任何一件小事情都能激起爱迪生强烈的求知欲，他总是在不断地寻求答案，正是这种认真、爱思考、爱学习的精神才最终帮助他成为一个著名的发明家。

孩子，我希望在学习和生活中，你也能够有一种积极的探索精神，主动去观察和发现，提出疑问并解答问题。而且，你不能坐等别人来告诉你答案，你要自己亲身去实践，在实践中获得真正的体验。只有这样，你才能获得真正的知识。

所以，孩子，你现在应该做的，就是独立思考，自己动手，去完成你的作业，去解答你所有的疑问。

做一做

★消除心理顾虑，敢于提问。陶行知先生说过：创造始于问题，有了问题才会思考，有了思考，才会有解决的方法，才有找到思路的可能。很多人不是没有问题，而是不敢提问，害怕受到嘲笑或者指责。其实这些担心都是不必要的，被人笑的问题不一定就不是好问题，试想，如果当初没有人提出1+1为什么等于2的话，还会有著名的哥德巴赫猜想吗？

★培养探究兴趣，发现问题。亚里士多德说：“思维自疑问和惊奇开始。”这就是说，质疑是思维的导火索，所以有问题不仅可以问，还要乐于提问，要培养自己善于质疑的兴趣，在问中学，在学中问。

★学会一定的提问技巧。敢于发问并不是无原则提问，提问也有一定的技巧，质疑的问题应该有一定的效用，能够切实帮助你得到认识上的收获。所以，显而易见的提问或者钻牛角尖的问题都是不可取的。

记一记

发明千千万，起点是一问。禽兽不如人，过在不会问。智者问得巧，愚者问得笨。人力胜天工，只在每事问。

—— 陶行知

第3章

贵在坚持

21

坚持到底才是王者

JIAN CHI DAO DI CAI SHI WANG ZHE

这两天，你一直带有一种犹豫不决的神情。当我们问你的时候，你沮丧地说："我想放弃参加长跑比赛。"你的话让我们很生气，当时我们批评了你几句，你难过地低下了头。

孩子，也许你现在还在难过。其实，我们也很后悔对你进行批评，我们应该鼓励你才是。这个学期以来，不止一次听见你说"放弃"的话了，我们为你的半途而废和缺乏勇气感到担心。

就像这次一样，两个星期之前，你回家兴冲冲地告诉我们，你报名参加学校运动会的长跑比赛了。当时，你跃跃欲试，恨不得立刻大显身手。可是现在，你为什么告诉我们要放弃了呢？

你说：“我打听过了，参加这个项目的几个同学都很厉害。唉，我肯定没戏了，还不如现在就放弃呢！”

比赛还没有开始，只是听说竞争对手比较厉害，你就想到了放弃，说出如此泄气的话，这不是太可惜了吗？推及其他，生活和学习中更多的事情不知比长跑比赛要难多少倍，如果你也是这般轻易说放弃的话，将来又如何立足呢？

在这个世界上，没有越不过的海洋，没有攀不过的高山，只怕没有一颗坚强的心。如果没有一种执著追求的精神，你将永远无法实现美好的愿望。

孩子，在这个世界上，很多人一时失意了，受到挫折了，或者失去了一些珍贵的东西，就会心灰意冷说放弃。有的人还会怨天尤人，愤世不公，却很少想过自己是否始终坚持不懈地去努力争取了。如果一个人连一颗敢于面对重重磨砺和困难的心都没有，那么，还有谁会给予你成功的希望呢？

所以，孩子，你要明白，影响一个人成功的，绝不是环境，也不是遭遇，而是你是否拥有一颗坚强的心、一种不屈的信念和在任何时候都不轻言放弃的精神。

我们都见过你的努力，这两个星期以来，你每天早上都起得很早，在公园

里跑步。看着你气喘吁吁的样子，我们很欣慰。希望你打起精神来，抛弃一切顾虑，坚持到底。希望你记着这个故事：

甲乙两人去攀登一座大山，到半山腰时，汗水把衣服浸湿了。这时他们发现有座凉亭，便进去休息。在阵阵凉风吹拂下，他们感到格外舒服。于是甲再也不愿意走了，对乙说："攀到了顶峰，又有什么好处？得忍受很多辛苦，花费很多力气，我不上去了。"

乙只好一个人继续往上攀登。他又流了一身汗，终于到达了顶峰，看到了在山腰时所无法看到的壮丽风景。

孩子，如果没有坚强的毅力，就不可能像那个最终攀上顶峰的人，看到更加壮丽的风景。有毅力的人，不会轻易动摇，他会坚持把事情做到底。而没有毅力的人，做自己不喜欢的事，或是遇到一点点困难，就会很轻易地选择放弃。

孩子，你要记住，成功根本没有什么秘诀可言，如果真有的话，就是两个：第一个就是坚持到底，永不放弃；第二个就是当你想放弃的时候，回过头来看看第一个秘诀：坚持到底，永不放弃。

做一做

★对于自己要做的事一定要有一个坚定的信念，那就是告诉自己我一定能做到。信念坚定的人也会给自己带来强大的动力。当你有这样的想法时，相信成功就指日可待了。

★设定一个明确的目标。对于自己准备要做的事，最好设定一个明确的目标，比如这周要达到什么目标，这个月要达到什么目标。有了明确的目标，实施起来就会容易很多，不会因为期限太长而产生懈怠心理。

★监督自己。可以请爸爸、妈妈、好朋友、老师来监督自己，有效地监督会帮助你消除那些消极想法、懒惰想法。但是注意不要养成依赖心理。

记一记

伟大的作品不是靠力量，而是靠坚持来完成的。

——约翰逊

22

你会合理使用零花钱吗？

NI HUI HE LI SHI YONG LING HUA QIAN MA

孩子们，老师最近在参与了一个关于小学生的消费调查后，对你们当中一些人的消费行为感到震惊。

据报载，江西省某小学为了使学生不乱花口袋里的零花钱，办了个“儿童储蓄所”。在该校储蓄所“开了户头”的学生竟达90%，全校1000余名学生，存款额达4万多元。小银行成了大银行，令教师们始料不及。

这么多钱哪里来？一是来自压岁钱。一到春节，孩子拜年，长辈们为了表示对孩子的爱，给的压岁钱动辄上百元，仅正月初一这一天，不少孩子就成了“千元户”。二是来自“奖金”。二年级学生周某，期中考试语文和数学都考了100

分，他的父母、爷爷、姥姥层层颁奖，一次性得了奖金600元。三是来自平时数额不等的零花钱。

经过我们调查后还发现，在一些小学里，浪费粮食的现象非常严重，每天都能看到从学校里推出一车又一车的剩饭剩菜，有些饭只吃了几口就被倒掉了。很多同学看到好玩的有趣的东西，不管有用没用就掏钱买下来，很多东西也许玩了一天就搁置到一边再也不碰了。还有一些同学则是为了虚荣，以为用名牌很酷，比别人强，因此不管三七二十一就把钱全花完了，完全不考虑这钱是爸爸、妈妈辛辛苦苦赚来的。

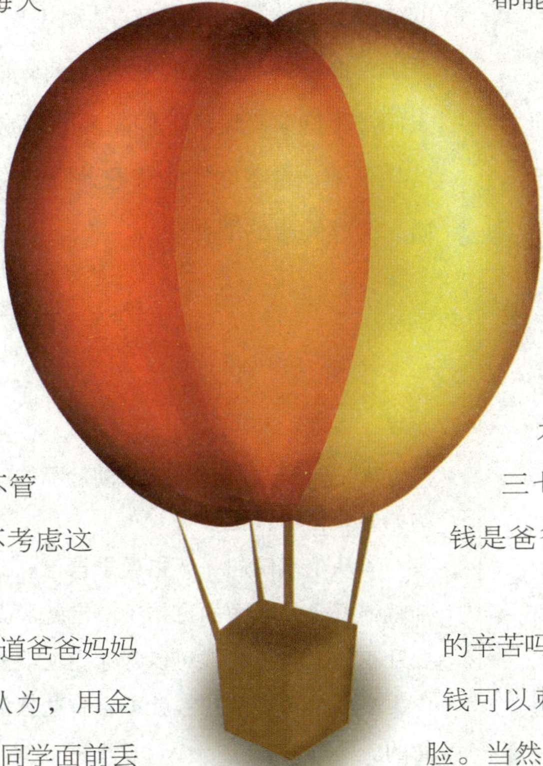

孩子，你们知道爸爸妈妈的辛苦吗？他们的钱来得并不容易。他们认为，用金钱可以刺激你们更勤奋学习，让你们不在同学面前丢脸。当然，我觉得他们这种做法是不妥当的。从小随便花钱，奢侈浪费只会滋生你们金钱至上、金钱万能的错误观念。如果处理得不好，你们可能就会只知索取，不知奉献，就会只想享有权利，不想尽义务，甚至走上邪路。

孩子，让我们来看看外国家庭的孩子是如何对待金钱的：

美国一些百万富翁的孩子，常在校园里拾垃圾，把草坪和人行道上的废纸、冷饮罐收集起来，这样，学校会给他们一些报酬。他们一点儿也不觉得难为情，反而为自己能挣钱而感到自豪。

有的家庭经济并不困难，但还是让八九岁的孩子去送报，挣零花钱，目的是培养孩子自力更生、勤俭节约的习惯。

所以，孩子们，你们应该牢记历史使命，发扬中华民族艰苦朴素的优良传统。你们要去了解，在我们国家的很多贫困地区，还有许多与你们一般大的孩子不能够上学，许多失业家庭的生活尚待改善，许多受灾地区的人们吃不饱穿不暖，他们需要你们的帮助。

孩子，希望你们能够把勤俭节约当成一种美好的品质，树立健康的消费观。

做一做

★平时多阅读一些关于勤俭节约的故事，从中了解节约的必要性和好处。

★从小事做起，严格要求自己。比如穿着只要干净整洁就很好了，华丽的打扮不一定就漂亮，就适合自己；不要乱花钱，省下的钱可以帮你完成很多重要的事，会带给你更多的快乐。乱花钱就不会有这种益处，有也只是很短暂的。

★学会珍惜自己和别人的劳动成果，只有从心底珍惜了，才会意识到节约的意义。

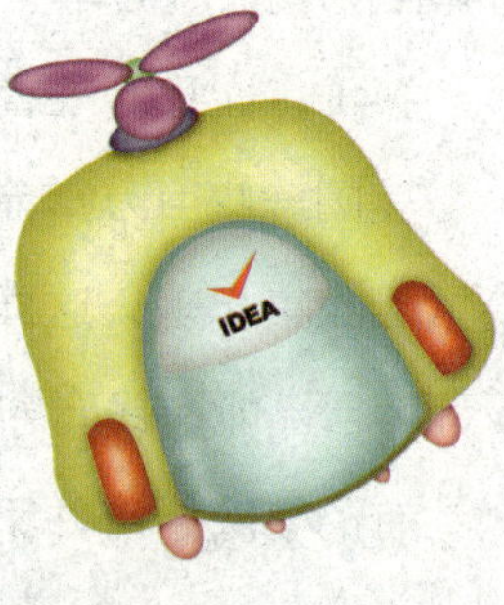

记一记

节约歌

节约真的很重要，
人人都应做得好。
节电需要做得好，
室内电灯要关好。
电脑不要开太久，
尽量做到用电少。
用完水后水关好，
多余废水去浇草。
节粮其实也重要，
小小粮食种出难。
不要剩下菜和饭，
父母血汗换钞票。
从小知道要节约，
生活变得更美好。

23 活到老，学到老

HUO DAO LAO XUE DAO LAO

孩子，你正拥有着一生中最美好的时光，我们希望，你能够充分利用时间，多阅读好书，尽可能多地汲取有用的知识，滋润你的心灵。

著名的古希腊哲学家苏格拉底曾经这样描绘他对阅读好书的理解："利用你的时间借助别人的作品来提高你自己，这样，你才会轻松地得到其他人通过艰苦劳动才能得到的东西。"

孩子，你肯定会问："现在市场上有那么多书，我应该怎样去选择有意义的好书呢？"的确，在书的海洋里，也未必每一本都是好书，不是每一本都是你必须阅读的，所以，最好是有所选择地去阅读那些对个人有用的书。

那么，我们说的好书到底有什么标准呢？当然有。孩子，我们希望你去阅读的好书，应该是那些能够反映时代特点的，具有丰富思想内涵和新颖的形式、风格的，并有精湛独特的艺术语言的优秀作品。这些真正的好书，每一本都是一位艺术大师思想的精华，是超越了生命的，能够作为一种积极的精神力量，陪伴你成长。

孩子，好书可以帮助你调整心态，净化灵魂。在一个人的成长过程中，不可能永远一帆风顺，不可能总是激情满怀。当你希望落空、心灰意冷的时候，可以精心挑选一本好书，一个人静静阅读。这时候书就像你的一位人生导师，温柔地抚慰你受到挫折的心。

你还可以从书中寻找到医治沮丧的良药。那些幽默的散文可以让你会心一笑，领略人生的乐趣；那些智慧的语言和个性的表达，会让你在轻松的阅读中感受到生活中纯洁的美和深沉的爱。孩子，阅读好书可以引发你无尽的思考，让你对社会，对人生，有一个更加全面深刻的认识。那些智者的思想，不断地丰富着你的人生，让你茁壮成长。

孩子，好书还可以给你成功的财富。可以这么说，一个人的精神发育史就是他本人的阅读史。有一位名人就曾经说过："在正确的时候，一本正确的书能改变你的命运。"

所以，孩子，每天除了老师指定的学习任务之外，你要安排一些时间阅读各方面的好书。你可以事先把要读的书准备好，任何地方，都应该放些好书，方便随时阅读。

读书跟其他事情一样，只要制订了计划，就应该坚持按计划去执行。等到逐渐养成喜欢读书的习惯时，你也已经有很多挑选图书的经验了，这时候，你可以根据自己的爱好和需要，自己去书店买书了。每个月去一两次书店，在那里，你会发现许多感兴趣的新书，你还会遇到很多同样喜欢读书的人，说不定还能交流交流呢。

做一做

怎么读书？看看下面的方法吧。

★先易后难。读书要选择适当，由易到难是很重要的。不要一开始就冲大部头的书去，以为读厚书、有名的书才是读书，如果你一开始就读不懂，很容易感到疲倦和枯燥。可以先从自己看得懂、易理解的书看起，然后慢慢过渡到有难度的书。

★先精读后略读。精读侧重于阅读理解、领悟与分析；略读侧重于快速地捕捉某些信息。读书不要走马观花，只追求数量，而应该注重质量。

★多多益善。读书应该是越多越好。但是要把握住两个原则，一要有选择地读，不读那些思想内容不健康、低级劣质的书；二要读一本是一本，不要匆匆而过，这样就是白读了。

记一记

读书有三到，谓心到，眼到，口到。

——朱熹

24 全心全意做好一件事

QUAN XIN QUAN YI ZUO HAO YI JIAN SHI

孩子，当我下班回到家的时候，发现你正在客厅里一边看动画片一边写作业。后来我检查了一下你的作业，发现了很多错误。很显然，这是因为你心不在焉，没有专心致志造成的。

在给你写这封信的时候，我思索良久，想起了几天前看过的一个真实故事：

列宁读书的速度和对书内容的理解深度异常惊人。有一次，一位老布尔什维克见列宁捧着一本很厚的外文书在快速翻阅，便问他要把一首诗背下来需要读多少遍，列宁回答说：只要读两遍就可以了。

孩子你知道列宁为何具有如此强的记忆力吗？那是与他读书时专心致志分不开的。列宁读起书来，对周围的一切都理会不到。有一次，他的几个姐妹恶作剧，用6把椅子在他身后搭了一个不稳定的“三角塔”，只要列宁一动，“塔”就会倾倒。然而，正在专心读书的列宁根本就没有察觉，仍然纹丝不动。直到半小时后，他读完了他要读的一章内容，才抬起头来，这时候他身后的“木塔”轰然倒塌……

孩子，“专心致志”就是形容一个人做事全神贯注，一心一意。也就是说，在你学习的时候要专心学习，在玩耍和休息时就专心玩耍、休息，无论做什么事，都应该用你的全部精力去做好。

你经常跟我抱怨说记忆真是一件棘手的事情，可是你有没有反省一下自己的学习方式？像这样边看电视边做作业，就十分不利于记忆。

古人曾经说过：“读书有三到，谓心到，眼到，口到。心不在此，则眼看不仔细。心眼既不专一，却只漫浪诵读，决不能记，记亦不能久也。三到之中，心到最急。心既到矣，眼口岂不到乎？”所以，学习的时候，专心致志是最重要的。

你知道吗？其实人与人相比，聪明的程度相差并不是很大，但如果专心的程度不同，取得的成绩就会有天壤之别。那些全心全意做事的人，往往能够取得好的成绩；而那些三心二意的人，终究得不到满意的结果。列宁专心读书的例子，就说明了这个道理。

有一只美丽的小鸟，很想学点儿本领。一天，它看见喜鹊在大树上搭窝，觉得很有意思，决定跟喜鹊学搭窝。开始它学得很认真，可是没过多久就厌倦了。它说："天天衔树枝，太累了！"它不再学搭窝了。

一天，它听见黄莺在唱歌，唱得很好听，决定跟黄莺学唱歌。开头它学得挺认真，可是没过多久又厌倦了。它说："学唱歌要天天练嗓子，我可受不了！"它不再学唱歌了。

后来它又跟大雁学飞行，跟老鹰学打猎，也都是有始无终，没有一件事情能够坚持下去。日子一天一天过去，直到头发全白了，它还是什么本领也没学到。

从此，它把一头白发传给子孙，让它们世世代代记住这个教训。后来，人们叫它们"白头翁"。

孩子，我希望你能够牢牢记住"白头翁"的教训。不管做什么事情，一定要排除干扰，全心全意做好。我相信，只要你能够专注于要做的事情，就一定会做出使自己感到满意的成绩来。

做一做

做到一心一意，有以下几点建议，希望你去试一试：

★要给自己定明确的目标。在你学习或做其他事情之前，先想明白现在自己究竟要做什么事，要达到什么样的目标，要鼓励自己不达目的决不罢休。

★要排除一切可能的干扰。不要一心二用，不要给自己找借口，开始学习或做一件事情时，就要让自己完全进入状态，不理睬周围各种诱惑。

★要有张有弛。该学习的时候，要专心致志学，不想别的事；玩的时候就痛痛快快玩，不必想学习的事。这样一张一弛，你的大脑才能得到充分休息，也能收到最好的学习效果。

记一记

历史上有很多名人专心致志学习的故事，比如董仲舒为读书三年不窥园的故事等，请找到这些故事，认真读一读，把自己的感想写在日记里。

25 希望你每天做迎接太阳的人

XI WANG NI MEI TIAN ZUO YING JIE TAI YANG DE REN

孩子，其实每天早上看你起床时候的痛苦样子，我们都觉得十分难受。我们很想让你多睡一会儿，但是，又担心你迟到，所以就不得不狠着心把你叫起来。尤其是冬天的早上，我们经常是叫了一遍又一遍。有时候你会不耐烦地用被子把头蒙起来，让我们觉得又可气又好笑。

孩子，我曾经听一个人这么说过：床是个让人又爱又恨的东西。我们晚上上床睡觉前，想到没有完成的工作总觉得睡觉还太早。但是，我们早上同样不愿意早起床。我们每天晚上下决心第二天早上一定要早起，但是，我们每天早上还是在床上伸懒腰，打呵欠，磨磨蹭蹭不愿意起床。

孩子，你似乎就是这种情况。但是我仍然热切地希望你能够早点起来。你知道吗？大部分杰出人物起床都很早，彼得大帝总是天一亮就起床。他说："我要使自己的生命尽可能延长，所以就尽可能地缩短睡觉的时间。"

阿尔弗烈德大帝在拂晓前起床，哥伦布在清晨开始设计寻找新大陆的航线，拿破仑在清晨考虑他最重要的战略部署。

哥白尼习惯早起，古代和现代的许多著名人物都习惯早起。诗人布赖恩特5点钟起床，历史学家班克罗夫特天亮起床。我们所熟知的很多重要作家都起得很早。另外，华盛顿等政界要人也都习惯早起。丹尼尔·韦伯斯特经常在早餐前写20到30封回信。

瓦尔特·司各特也是个非常守时的人，这就是他取得成就的秘密。他早上6点起床。他曾经说，到早餐时，他已经完成了一天当中最重要的工作。一位渴望有成就的年轻人写信向他请教，他这样答复：

"一定要警惕那种使你不能按时完成工作的习惯——我指的是，拖延磨蹭的习惯，要做的工作马上去做，干完工作后再去消遣，千万不要在完成工作之前先去玩乐。"

另外，孩子，早上的空气很新鲜，周围也比较安静，而且心情很好，所以精神状态最好。在这种情况下学习，你肯定能收到事半功倍的效果。

而晚上就不一样了。经过一天的学习和活动，此时身体和精神都比较疲倦，如果再加上熬夜，就更加疲惫了。在这样的状态下学习，往往是事倍功半。更严重的是，如果熬夜，第二天上课的时候你就会打瞌睡，不能好好听课，这样长期下去，形成恶性循环，怎么能取得好成绩呢？

所以孩子，养成早睡早起的习惯，保证充足的睡眠，告别瞌睡虫，轻轻松松学习，实在是一件有百利而无一害的事情。

孩子，我希望你有决心。早上到了起床的时间，闹钟一响，或者我们一敲门，你就要迅速起来，精神百倍地迎接新的一天。这样坚持下去，你会发现，自己做什么事情都有很好的精神，学习效果也会大大提高。

做一做

★睡前不做剧烈运动，不做使自己太过兴奋的事。营造一个良好、安静的睡眠环境，可以听听轻缓的音乐，看看内容轻松的书籍。

★到点入睡，不要熬夜，即使不困也要尽量上床，酝酿睡觉的情绪。不要吃得过饱，过饱会妨碍睡眠。如果拖拖拉拉，一旦睡意过去，入睡会变得很困难。

★设置一个闹钟，按时起床。早上很多人都会有不想起身的想法，所以，闹钟一响，就应该立即起床，可能开始时会觉得有点困难，但只要坚持一两天，早起就会成为你的习惯。

★坚持锻炼，只有身体健康，早睡早起才会精神饱满。同样，早睡早起的良好习惯也会帮助你调节身体，达到身体健康的目的。

记一记

听一听歌曲《健康歌》，学一学里面提到的动作，每天早起锻炼时大声唱给自己听。

26 你的诚实令我们感动

NI DE CHENG SHI LING WO MEN GAN DONG

孩子，还记得昨天晚上我们一家人在吃饭的时候讨论的话题吗？那就是：这个世界上最昂贵的东西是诚实。

我在写这封信的时候，觉得很有必要再把有关于诚实的一些事情告诉你。因为我始终觉得，一个人要在社会上站稳脚跟，一定要具备一些良好的品德，而诚实就是其中非常关键的一个。你肯定记得在安徒生童话里那个手捧空花盆的孩子，虽然他的花盆是空的，但他却栽培出了世界上最美丽的花朵，那就是诚实的花朵，这也正是贤明的老国王所寻找的漂亮花朵。

孩子，诚实让他得到了王位，故事中诚者为王，而在我们的现实生活中也是如此。

有一些人常常抱怨种种不公平，为什么一样在学习、工作，别人可以得到种种荣誉，而自己仍然是默默无闻。我想这些人应该好好地审视自己的言行。他们用真诚去处世待人了吗？他们有没有因为一时的贪婪或者虚荣，而违背自己的良心，去欺骗人呢？

孩子，诚实是一种美好的品质。真诚地对待生活，生活也将真诚地对待你。诚实是通往成功的桥梁，那些没完没了说谎和弄虚作假的人，他们就是讲了实话，大家也不会信任他们。因为再美的谎话也只能欺骗别人一次两次，多了就没人相信。

其实我一直觉得，那些说谎者一直生活在恐惧、紧张和忧虑中，因为他们害怕谎言会被揭穿。一个喜欢说谎的人，很可能不得不面对一个连自己也没有想到的处境，那就是，为了能够自圆其说，让人相信他所说的话，就不得不沿着说谎

的道路继续往下走。

有一个著名的作家曾经说过这样一句话："人们以为欺骗和谎言会带来便利，但是它眨眼就消失了，而带来的麻烦却没完没了。"

著名的思想家马丁·路德也曾经这样说过："谎言就像是雪球，滚的时间越长，体积就越大。"他同时告诫人们："即使再大的雪球，到了春天，也是要被太阳晒化的。"所以谎言和欺骗最终总是要被揭穿的。

因此，孩子，我们希望你能向自己承诺永远诚实，这是你成为一个真正的好人的重要条件之一，而且诚实是一种美德，拥有这种美德的人会得到更多的朋友和快乐。

不要谎言，不要欺骗。孩子，希望你能够用自己的真诚行动去赢取别人的信任。我相信，没有了谎言和欺骗的干扰，你的生活会更加纯洁美好！

想一想

晏殊信誉的树立

北宋词人晏殊，素以诚实著称。他14岁时，有人把他作为神童举荐给皇帝。皇帝召见了他，并要他与1000多名进士同时参加考试。结果晏殊发现考试题是自己10天前刚练习过的，就如实向真宗报告，并请求改换其他题目。宋真宗非常赞赏晏殊的诚实品质，便赐给他“同进士出身”的荣誉。晏殊当职时，正值天下太平。于是，京城的大小官员便经常到郊外游玩或在城内的酒楼茶馆举行各种宴会。晏殊家贫，无钱出去吃喝玩乐，只好在家里和兄弟们读书写文章。

有一天，真宗提升晏殊为辅佐太子读书的官，大臣们惊讶异常。真宗说：“近来群臣经常游玩饮宴，只有晏殊闭门读书，如此自重谨慎，正是陪太子读书的合适人选。”晏殊谢恩后说：“我其实也是个喜欢游玩饮宴的人，只是家贫而已。若我有钱，也早就参与宴游了。”这两件事，使晏殊在群臣面前树立起了信誉，而宋真宗也更加信任他了。

读了这个故事后，仔细想一想，在面对荣誉和诚实的时候你会怎么做呢？

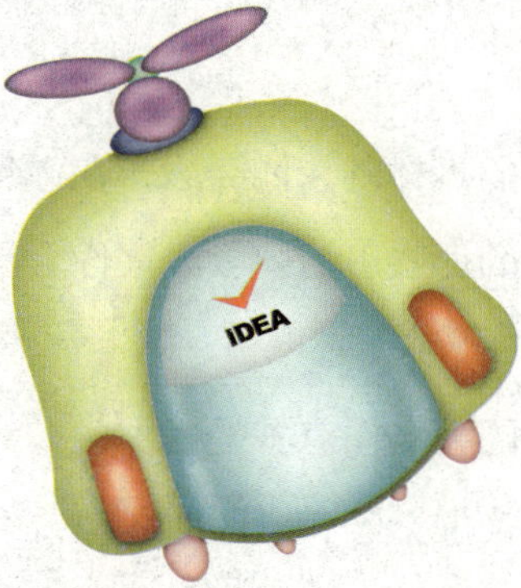

记一记

诚实是力量的一种象征，它显示着一个人的高度自重和内心的安全感与尊严感。

——艾琳·卡瑟

27

发现爱，感受爱

FA XIAN AI GAN SHOU AI

孩子，每当老师布置你写作文的时候，你就会冥思苦想，问我到哪里去寻找写作的材料。

让我来告诉你吧。写作的素材就在你身边，在你每天都接触到的那些人、那些景色中，在每天都在发生的那些事情中。或许你会问我，这些太普通了，有什么可写的呢？

不是这样的，孩子。法国著名作家罗曼·罗兰曾经说过："生活中不是缺少美，而是缺少发现。"也就是说，美和爱时时刻刻都存在于生活中，只是你没有去发现而已。有这样一个故事：

圣诞节的时候，南茜最好的朋友送给她一件礼物，那是一块蓝色玻璃片，里面嵌着不规则的绿、蓝、褐色云母片和有些类似鱼儿轮廓的东西。

晚上，南茜怎么看也看不出这个玻璃片有什么特别之处，于是就随手把它放在了抽屉里。

两年后，南茜又长大了一些。有一天当她翻抽屉的时候，发现了那个玻璃片。南茜把它拿在手里细细品玩，她注意到那个玻璃片的一端有个钩子，盒底上印着一项说明：挂在向阳的窗口。

看到这件礼物，南茜立刻就想起了那个最好的朋友，于是她将这件礼物挂在向阳的一扇窗上。

阳光透过海蓝色的玻璃片，把整个房间变成了海洋的世界。此时南茜好像置身于海底，这小小的“海底世界”随着阳光的移动，由碧绿色转为深蓝色，再转为紫罗兰色，带着潮汐起伏的无穷魔力与韵味，墙壁上还有各种各样的鱼儿在游

动。真是太美了！

谁能想到只是这么一个小小的玻璃片就能将她原本普通的房间变成一个绚丽多彩的海底世界呢？而这种美居然一直在她的抽屉里隐藏着。两年前的圣诞节那天，她收到了一个如此好的礼物，却认为它是一个再平凡不过的玻璃片，但是现在南茜不会再这样想了。

孩子，从这个故事中我们可以得出一个结论，原来生活中很多平凡的东西都隐藏着非凡的美丽，它一直就在那里，等待着你去发现和感受。

孩子，你要知道，这个世界上根本就不缺少美丽和爱，更不会缺少你所苦思冥想的作文素材。它们一直存在着，不断在发生，而你需要用一颗敏感而充满爱的心去细细感受，才能发现。

孩子，其实我一直觉得，不仅仅是为了你的作文素材，如果你想让自己生活得幸福和快乐，想让自己获得成功，也应该拥有一颗爱心，去发现爱和美，去爱大自然中的山水树木，去爱每一种小动物。

当你有了爱的情感后，你就会深切地感受到周围有许多人在爱你、关心你，也就更能感受到生活的幸福和美好。

总之，孩子，你要学会用一颗细腻的心去发现爱，感受爱。

做一做

★经常到大自然中去领略绮丽的风光，接受自然美的熏陶。许多有成就的作家和艺术家都对大自然颇为热爱，甚至是大自然的讴歌者。要丰富和提高自己的艺术情趣和审美鉴赏力。

★善于发现生活中的美，还要从观察日常生活中平凡的人、平凡的事做起。比如有很多人为了保护环境、保护小动物自发地建立保护协会。这种行为美，使得周围的生态环境大为好转。

★善于发现生活中的美，还要在家庭生活中发现美。比如一位妈妈让儿子去打油，可孩子回来的路上不慎摔了一跤，油瓶碎了。回家后妈妈没有责怪他，只是让他今后要小心，随后让他回去将路上的碎玻璃扫干净……妈妈的宽容和循循善诱就是家庭生活中的一种爱和美，以此类推，你还可以发现更多。

记一记

最能直接打动心灵的还是美。美立刻在想象里渗透一种内在的欣喜和满足。

——爱迪生

28

为自己的祖国自豪

WEI ZI JI DE ZU GUO ZI HAO

孩子，每天早上，当你背起书包走进学校的时候，你想过为什么去学习和为谁学习吗？当你听见国歌奏响，向徐徐升起的国旗敬礼的时候，心里是否有一种感动?

一艘法国的轮船正从西班牙的巴塞罗那开往意大利的热那亚。舱里坐满了法国人、意大利人、西班牙人和瑞士人。其中有个11岁的意大利少年，他穿着破旧，躲开人群，在一个偏僻的角落里盯着大家。这个可怜的少年在两年前被生活贫困的父母卖给了马戏团。自此之后，他的生活里就充满了伤心的回忆，因为马戏团的人对他很不好，经常是拳打脚踢，让他挨饿，之后再逼他学习把戏。

当马戏团到了巴塞罗那时，他再也无法忍受这种生活了，便找机会跑了出来，在热心人的帮助下，搭上了这艘回家的船。

虚弱的少年赢得了船上众人的同情，3个喝得有几分醉意的西班牙人还拿出许多钱施舍给了他。

看着眼前的这些钱，少年真诚地向他们表示了感谢，然后回到了自己的位子，开心地想象起回家后的生活。

这时那3名西班牙乘客正围着桌子，一边喝酒一边谈着旅途中的见闻，谈到意大利的时候，他们禁不住批评起了意大利人。

“愚蠢的国民。”一个人说。

“卑鄙的民族。”另一个说。

“土匪……”

第三个人的话还没说完，忽然有无数个钱币从背后砸向了他们，钱币在桌上及地板上翻滚着，发出叮当的声响。3个旅客暴跳如雷，抬头望向朝他们抛掷钱币的人，想要好好教训他一番，可是，抬眼望去，站在他们眼前的正是刚才他们施舍钱财的那位少年，此刻，那位少年正用坚定的眼神看着他们，他义正词严地说道：

“把那些臭钱拿回去！”少年向他们大声吼道，“你们这些可恶的家伙，竟敢侮辱我的祖国，我不会要你们一分钱的。”

孩子，我们每个人都应该深深爱着自己的祖国，无论何时何地，

第28封信
为自己的祖国自豪

记一记

纵使世界给我珍宝和荣誉，我也不愿离开我的祖国，因为纵使我的祖国在耻辱之中，我还是喜欢、热爱、祝福我的祖国！

——裴多菲

都不要忘了自己的祖国。

孩子，爱国就是对祖国忠诚和热爱。在我们中国，历朝历代，许多仁人志士都具有强烈的忧国忧民思想，他们以国事为己任，前赴后继、坚贞不屈、关怀民生，这种可贵的精神，使中华民族历经劫难而不衰。

孩子，现代化的建设更需要你们不断弘扬这种爱国主义精神。只有这样，我们的中华民族才能为人类文明与进步作出更大的贡献。

少年兴则国兴，少年强则国强。孩子，我希望你从小培养自己的爱国情感和振兴祖国的责任感，树立民族自尊心与自信心，真正把爱国之志变成报国之行。

做一做

爱国不是一句口号，应该从基础做起：

★会唱国歌，该唱国歌的时候一定要大声唱出来，因为国歌是代表一个国家民族精神的歌曲，不要因为唱国歌而感到害羞，哪怕只有你一个人。

★爱护国旗。看到有损害国旗的行为应当上前制止，走在任何地方都要记住国旗是一个国家尊严的象征。要认真自觉参加学校的升旗仪式。

★关心国家大事，每日应该坚持收看一定时间的时事新闻，对不理解的事情应该尽量去了解。从小就做一个关心国家的合格公民。

★注意自己的行为，不做有损自己祖国的任何事，也不允许任何人做有损于祖国的任何事，要为自己的国家感到自豪和骄傲。

29

生命在于运动

SHENG MING ZAI YU YUN DONG

孩子，周末的早上，你难得早起一次，随我去公园晨练。最近一段时间，因为功课比较紧张，你大概除了在每周的体育课上锻炼，就再也没有参加什么运动了吧。

我记得你以前很喜欢打羽毛球，也喜欢跑步和打乒乓球，经常找同学一起玩，有时候我们也会加入到你们的游戏中。运动可以令一个人神采飞扬，到现在我们还清楚地记得你们当时开心的笑声。

有多久没有听到这样的笑声了？你惊讶地看着那些在公园里面晨练的人，问我：“怎么这么多老人？”

是啊，现在很多年轻人都抱怨说学习和工作太忙了，能够多睡一会儿就算不错了，哪里还有时间和精力去锻炼身体呢？

孩子，你觉得他们的这种观点对吗？

有句话说“生命在于运动”，健康是最基本的条件，没有了健康，也就谈不上其他了。这些参加晨练的老人，我想他们比很多偷懒的年轻人更懂得健康的意义，也更珍惜每一天。

其次，很多热爱运动的人是真的把运动当做自己的一种爱好了，他们在运动中找到了生活的乐趣，而且每一次战胜自己都激发了他们内在的潜力，促使他们以更好的精神状态去面对生活。

很多现实生活中的例子都证明了，健康的身体是生活和学习的前提条件。一个人如果身体虚弱，那么他稍微做一点儿事情读一点儿书，就会感到疲惫；一个人如果失去了健康，那么他就无法做任何自己想做的事。所以，孩子，你要时刻记着，只有身体健康，才能很好地管理时间，并按照自己的计划把事情完成。

孩子，想要拥有健康的身体，首先就要吃各种食物，以摄取各种营养，同时也要培养早睡早起等良好的生活习惯。更为重要的一点是，你要长期坚持锻炼身体。

你可以选择几种适合自己的运动，比如你一向喜欢的羽毛球和跑步等。这些运动不但可以帮助你提升身体素质，还能让身体保持平衡，令你拥有活力。

第29封信
生命在于运动

记一记

运动是一切生命的源泉。

——达·芬奇

我觉得不管你选择了哪一种运动，只要长期坚持下去，就能帮助你维持自己的健康。当然我还要提醒你，凡事一定要适可而止，如果运动过度，会造成疲劳，反而有可能会失去健康；若花大量时间运动，没有顾及到学习和其他事情，也会适得其反。

孩子，我写了这么多，一是为了让你明白运动的重要性，二是要让你以一颗平常心去参加锻炼。运动固然重要，如果你把它看做是负担或累赘的话，只会加大自己的压力，也不能收到应有的良好效果。

孩子，从现在开始，希望你选择一两种自己喜欢的运动项目，长期坚持下去，我会一直支持你的。

做一做

四季锻炼身体有什么不同吗？赶紧来看一看吧。

★春季锻炼。经过寒冷的冬季，身体各器官的功能包括肌肉的功能都处于较低水平，肌肉、韧带也较为僵硬，所以春季锻炼的内容应以有氧代谢为主，运动强度要逐渐增加，运动形式多为长跑、自行车、跳绳、爬山、打球等。

★夏季锻炼。夏季天气炎热，给体育活动带来很大不便，但如果停止体育锻炼又破坏了体育锻炼的连续性。所以，夏季最理想的运动是游泳，慢跑、散步、太极拳、羽毛球等。

★秋季锻炼。秋季适合多种体育活动的开展，秋天的气候干燥，锻炼前后要补充水，以保持正常分泌和呼吸道湿润。

★冬季锻炼。冬季体育锻炼的内容非常丰富，但是，冬季锻炼时要作好准备活动。运动最好采用口鼻呼吸方式，吸气时，口不要开得太大，以防止冷空气直接刺激口腔黏膜。

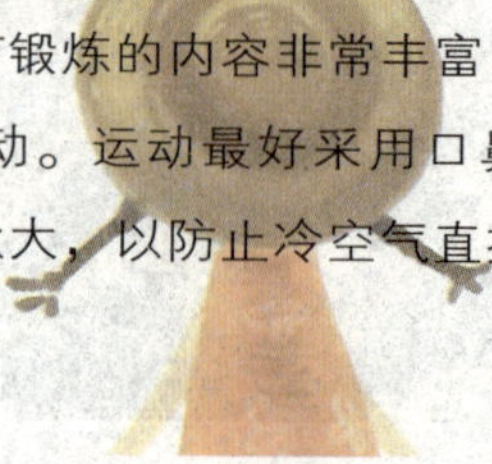

30 锻炼你的语言表达能力

DUAN LIAN NI DE YU YAN BIAO DA NENG LI

孩子，我现在还想着这件事情，它压在我的心里已经好几天了，现在我想通过写信的方式告诉你。

那天，台下坐着你们班的所有同学，还有他们的家长，当然也包括我。这是一次孩子与家长共同参与的家教讨论会，由你们的班主任主持。

在这个讨论会上，每个孩子都要上台发表演说。大多数孩子都表现得很好，他们用流畅的语言表达了在这个学期中对学习的心得体会。

当轮到你的时候，我担心这种有很多人的场面会给你压力，让你紧张。我也有点兴奋，希望看到你在台上的出色表现。

然而，你还是紧张了。本来在上台之前，你已经把要说的话背得滚瓜烂熟。可是到了台上，看着下边那么多双眼睛，你什么也想不起来了，站在那里张口结舌、手心出汗。你一直低着头，说话断断续续的，声音像蚊子叫一样。

走下演讲台后，你又后悔又难过，抓着我的手，差点就哭出来。

孩子，当时我和你一样难过，但是绝对没有要责怪你的意思。你的紧张我能够理解，我应该怪自己没有好好地训练你的表达能力。

孩子，你不用难过，不要老想着自己出丑了，谁没有个开始呢？我相信，经过一段时间的训练，你一定可以做得很好的。你知道吗？其实还有很多同学都有过你这种经历。他们平时和朋友聊天的时候十分健谈，想说什么就说什么，想法表达得非常清楚。可是一到正式的场合，或者在很多人面前，或者在一个陌生人面前，他们就开始紧张了，身体发抖，满头大汗，不敢抬头看老师的眼睛，一直低着头，说话结结巴巴。

所以你不是唯一在演讲台上紧张的人，不要难过。但是，我希望你能够从此好好地训练自己在这方面的能力。

你知道吗？在生活中，能在别人面前把想法表达清楚，是一种十分重要的能力。因为人类的语言是交流思想感情的最有力的工具，良好的语言表达能力可以使你准确地把自己的想法或感情传递给别人，让别人了解、理解你。

但是，良好的语言表达能力并不是与生俱来的，也不是轻易就能学来的，它需要我们长时间去努力锻炼。孩子，后悔是没有任何作用的，只有勇敢地抬起头来去努力，才能攻克难题，战胜自己。

我的孩子，拿出你的勇气来，我希望，经过一段时间的锻炼，你能够在下一次演讲的时候，有精彩的表现。我相信这一天肯定会到来的！

做一做

如何锻炼自己的语言能力呢？有以下几个建议，希望你能够好好儿地去领会，并付诸行动：

★你一定要对自己有信心。演讲的时候双腿发抖、说话结巴等主要是因为自卑，怕自己讲不好会被人耻笑，所以十分紧张。其实，你不用担心，每个人演讲的时候都会紧张，只是程度不同而已。不要害怕会出丑，你要不断告诉自己：“我一定可以！”慢慢地，你的心情就会放松许多，上台后就能够比较自如地发挥了。

★你应该作好充分准备。首先要把所要讲的内容好好儿理解，最好一条一条地写在纸上，不清楚的地方要及时向别人请教。为了锻炼自己，还要多和别人接触，改变自己不爱说话的习惯。另外还可以尝试在陌生人面前勇敢地介绍自己。

★ 平时要注意一些演讲的技巧。演讲的时候，说话的速度可以放慢，一句一句说清楚，不要着急。说话要简洁有力，不要啰唆。

记一记

绕口令 碰碰车

碰碰车，车碰碰，
坐着朋朋和平平。
平平开车碰朋朋，
朋朋开车碰平平，
不知是平平碰朋朋，
还是朋朋碰平平。

第4章

习惯养成

31 保护地球是大家的责任

BAO HU DI QIU SHI DA JIA DE ZE REN

孩子，如果我问你，家是什么，你一定会不假思索地说，家是漂亮的房子，有爸爸、妈妈的爱，有欢声笑语。

对，你说的没错，这是一个温暖的小家庭。但是你知道吗？我们所有的人，有一个共同的也是唯一的家园，那就是地球。

保护地球，保护环境，就是在保护我们自己的生命。环境保护一直是人类不变的主题，美丽的环境是人类永恒的追求。

然而，孩子，你发现没有，在我们的身边，仍然有许多破坏环境的现象在不断发生？联合国的一份环境调查报告显示：南极臭氧空洞，每天都会增大相当于美国陆地的面积，使紫外线辐射增强，皮肤癌发病率上升；空气质量严重下降，全球大约有 1.25 亿人口生活在空气混浊的城市中；温室效应造成全球气候变暖； 12 % 的哺乳动物和 11 % 的鸟类濒临灭绝，平均每天有150—200种生物从地球上消失；12 亿人口生活在缺水的城市，14亿人口的生活环境中缺乏生活污水排放装置； 40多种鱼类因捕捞过度而濒临灭绝；全球地表土壤平均每年流失200亿吨；化学杀虫剂使用量已超过270万吨；全球森林以每年460万公顷的速度在迅速消失。

家本来应该是美丽的，温暖的，但现在却因为某些人的破坏，出现了问题。很难想象，如果有一天这个家园被我们自己毁坏了，那时候我们要怎样生活。

有些人错误地认为水是“取之不尽，用之不竭”的，所以不知道爱惜，随意浪费。

其实我国水资源人均占有量并不丰富，地区分布十分不均匀。加上天气变幻莫测，每年的降水量差别都很大。在这种情况下，还有一些目光短浅的人为了自己的利益，严重污染水资源，使得我们的水资源更加紧缺。

所以，孩子，我希望你牢固地树立起“节约水光荣，浪费水可耻”的信念，

爱惜每一滴水。

孩子，你还要爱护花草树木。树木是大自然赋予我们人类的宝贵财富，地球上种类繁多的森林，是大自然的总调度室。树木能净化空气，树木能进行光合作用，吸收二氧化碳，放出氧气，树木还可以美化环境，减少噪音。

孩子，我们的地球应该是一个美丽的家园，有绿色的森林，蔚蓝的天空和碧绿的湖水。为了这个美丽的家，我们每一个人都应该尽自己的力量，去保护它，爱护它！

做一做

保护环境要从身边小事做起，比如以下几件：

★使用布袋。我们去商店或农贸市场购物，几乎每样物品都会随赠一个塑料袋，回到家后，这些塑料袋往往被立即扔进垃圾箱。被扔掉的塑料袋增加了垃圾的数量，占用耕地，污染土壤和地下水。更为严重的是，塑料在自然界中经上百年不能降解，若进行焚烧，又会产生有毒气体。所以我们应多使用布袋，最好少用或不用塑料袋。

★尽量乘坐公共汽车 。汽车排放的废气，在每年5~10月份的强烈日光照射下，会形成光化学烟雾，引起眼病、喉头炎和头疼，还降低了大气能见度，使车祸和飞机坠毁事件增加。这些都严重地困扰着我们的生活。而解决的办法之一就是少乘私家车，提倡乘坐公共汽车。

记一记

捡纸和捡塑料袋，
避免垃圾堆成山。
回收废纸和电池，
把握现在好时机。
教育别人在其次，
做好榜样别怕苦。
保护环境靠大家，
造福社会才持久。

32

希望你养成好习惯

XI WANG NI YANG CHENG HAO XI GUAN

孩子，当看见你因为我的批评而委屈地流下泪水的时候，我心里也很难过。其实我何尝想批评你？我那么爱你，一心希望你开心快乐，又怎么舍得看见你受委屈？

有时候我也会想，是不是对你太严厉了点儿？我没有要求你每次都得第一名，但是要求你在不该丢分的地方不能疏忽；我没有要求你交什么样的朋友，但是要你宽容地对待朋友，以诚相待；我没有为你打碎了花瓶而责骂你，但是要求你正视错误，勇敢承担责任；我也没有要求你凡事都要成功，但是要求你不能气馁，执著奋斗。

孩子，请相信，我做这一切的目的，是为了让你从小养成良好的习惯，全面发展，是为了让你的人生之旅变得更平坦，让你活得更加潇洒自信。许多富有人生经验的人经常说这样一句话：“命好不如习惯好。”也就是说，一个人的幸福生活是要靠自己的聪明才智和良好的人品、习惯、心态去创造的。

所以，孩子，正因为爱你，所以我才要更严格地要求你。我希望你拥有良好的习惯，有一个美好的人生。

在我看来，习惯不仅包括一个人饮食起居的习惯，还有学习和工作的习惯，为人处世的习惯，思考的习惯等等。一个具有良好习惯的人，一个严格要求自己的人，往往能够拥有成功的人生。

世界球王，被人们称为“黑珍珠”的巴西足球运动员贝利，自幼酷爱足球运动，并很早就显示出他超人的足球才华。但是他小的时候曾差一点沉溺在吸烟的习惯中。幸好父亲及时发现了他的这一行为，进行了及时的劝解。当小贝利认识到这个习惯会给自己带来很多负面影响时，便毅然地改掉了吸烟的坏习惯。

从此以后，贝利不但与烟无缘，还刻苦训练，球艺得到飞速提高。他15岁参加桑托斯职业足球队，16岁进入巴西国家队，并为巴西队永久保留“雷米特杯”立下奇功。如今，贝利已成为拥有众多企业的富翁，但他仍然不抽烟。

孩子，我此刻的心情也和当时贝利的父亲一样，虽然是在批评你，字字句句却都是为你的将来、你的生活着想。你想想，如果贝利当初没有听父亲的劝告，坚持抽烟，那么他就不可能拥有好身体去踢球，也不太可能成为闻名世界的

第32封信
希望你养成好习惯

记一记

习惯真是一种顽强而巨大的力量，它可以主宰人的一生，因此，人从幼年起就应该通过教育培养一种良好的习惯。

——培根

“球王”。

孩子，如果你仔细去观察，一定会发现，在你周围，那些学习好的同学，那些受人欢迎的人，总是有他们的过人之处的。他们的过人之处并不一定是他们的聪明才智，而是他们能够严格要求自己，有良好的习惯。

当然，我也了解，习惯的养成，并非一朝一夕之事；要想改掉某种不良习惯，也不会一蹴而就。所以你可以有计划地给自己一段时间，来改掉如做事拖拉、不拘小节等坏习惯，然后以更好的方式取而代之。

亲爱的孩子，我多么希望你能够拥有一个美丽灿烂的人生，从现在开始，从培养你自己的好习惯开始，我相信你一定可以的。

做一做

改掉坏习惯不难，养成好习惯也可以很容易，那该如何养成好习惯呢？你可以试试从以下几方面做起。

★要养成一个好习惯，你要明白它的重要性，因为只有明白了它的重要性，才会有养成这个习惯的强烈愿望。

★写一个计划表，将要养成的好习惯写下来，例如：每天运动20分钟，计划当天晚上要检查一下，然后打钩，可以请家长监督自己，等一个习惯养成了，就再写些新习惯进去。这样做起来目标性强，也比较容易有动力。

★培养好习惯最重要的是要坚持不懈，直到成功。

33

做事之前多想想

ZUO SHI ZHI QIAN DUO XIANG XIANG

孩子，我一直觉得，那些成功的人，并不是他们没有或甚少犯错误，而是他们能够三思而后行，并且能从每一次错误中吸取教训，让自己不断进步。

而那些愚蠢的人，总是一错再错，因为他们从来不对自己所做的事情进行反思。我曾经给你讲过这样一个故事：

狮子生病了，它对一直与它要好的狐狸说："你若要我健康活下去，就请你把森林中最大的鹿骗到这里来，我很想吃它。"

狐狸走到树林里，看见树林里活蹦乱跳的大鹿，便向它问好，并说道："我告诉你一个喜讯。你知道，国王狮子是我的邻居，它病得很厉害，快要死了。它正在考虑，森林中谁能继承它的王位。它说野猪愚蠢无知，熊懒惰无能，豹子暴躁凶恶，老虎骄傲自大，只有大鹿才最适合当国王。鹿的身材魁梧，年轻力壮，它的角使蛇惧怕。我何必这么啰唆呢？你一定会成为国王。这消息是我第一个告诉你的，你将怎样回报我呢？如果你信任我的话，我劝你快去为它送终。”

经狐狸这么一说，鹿便糊涂了，于是走进了山洞里，丝毫没有想会发生什么别的事情。

狮子猛然朝鹿扑过去，用爪子撕下了它的耳朵。于是鹿拼命地逃回树林里去。

狐狸辛辛苦苦白忙一场，它两手一拍，表示毫无办法了。狮子十分懊丧，它请求狐狸再想想办法。狐狸说：“你吩咐我的事太难办了，但我仍尽力去帮你办。”于是，它像猎狗似的到处嗅，寻找鹿的脚印，心里不断盘算着坏主意。

这时，鹿正在树林里休息，狐狸毫不知耻地来到它的面前。鹿一见狐狸，生气地喊：“坏东西，你休想再来骗我了！你再靠近，我就不让你活了。你去欺骗那些没经验的动物，叫它们做国王吧。”

狐狸说：“你怎么这样胆小怕事？你难道怀疑我——你的朋友吗？狮子抓住你的耳朵，只是想要给你一点儿关于王位的忠告与指示罢了。你却连那衰弱无力的手抓一下都受不住。现在狮子对你非常生气，要将王位传给狼。那可是一个坏国王呀！快走吧，不要害怕。我向你起誓，狮子绝不会害你。我将来也专门伺候你。”狐狸再一次欺骗了可怜的鹿，并说服了它。结果鹿

刚一进洞，就被狮子吃掉了。

因为没有三思而后行，鹿最终付出了生命的代价。

“以铜为镜，可以正衣冠；以人为镜，可以明得失。”但是有了镜子以后，并不是每个人都能够从中得到启示，世界上还总是有那么多不爱思考，像鹿一样一错再错的人。

但是，孩子，你一定要记住，人不怕犯错误，关键是要知错能改。对于所犯的每一次错误，你都应该对它有所分析和记录，避免下次重蹈覆辙。这样，错误就变成了经验。从某种程度上来说，这些经验比你最后的结果还要宝贵。

我特别要提醒你的是，如果一切都无可避免地发生了，我希望你能够真心真意地忏悔，深刻认识自己的错误，真诚地向无辜的受害者道歉，并且承担一切责任。你要明白，这样做，不是为了惩罚自己，而是为了以后不重蹈覆辙。

希望你永远记住一句古训：“偶尔摔倒并不可笑，可笑的是每一次都在同一个地方摔倒。”

第33封信
做事之前多想想

记一记

尽可能少犯错误，这是人的准则；不犯错误，那是天使的梦想。尘世上的一切都是免不了错误的。错误犹如一种地心引力。

——雨果

想一想

春秋时，晋灵公滥杀无辜，臣子士季对他进谏。晋灵公当即表示："我知过了，一定要改。"士季很高兴地对他说："人谁无过？过而能改，善莫大焉。"遗憾的是，晋灵公言而无信，最终被臣子刺杀。楚庄王初登基时，日夜饮酒取乐，不理朝政。后来臣子以死劝谏，终于使他决心改正错误，认真处理朝政，奋发图强。楚国终于强大起来，楚庄王也得以位列"春秋五霸"之一。

读了这个典故，对于"过而能改"这句话有什么新的体会吗？想一想把它写下来。

34 爱护自己的眼睛

AI HU ZI JI DE YAN JING

孩子，你知道吗，小时候别人都夸你，说你的眼睛大而明亮，充满了好奇，还透着一股调皮劲儿。是啊，你的眼睛好像会说话，一闪一闪的，好像要告诉我们你对这个世界的好奇。

你渐渐长大了，会独自看动画片了，可以自己看书了，还学会了上网，在网上搜索感兴趣的资料。

然而当我们为这一切感到高兴的时候，也不免有点担心。因为我看到有些和你一样大的孩子竟然戴上了眼镜，我不希望你也戴上眼镜。

孩子，你知道吗？眼睛是心灵的窗户，是否拥有一双明亮的眼睛，是一个人健康与否的重要标志之一。通过眼睛，我们可以直接、真实地了解这个五彩缤纷的世界，如果没有眼睛，即使外面的世界再精彩，我们对四周的感觉也只是一片永远的黑暗。

眼睛是如此珍贵！但是，在我们的周围，有很多人忽视了眼睛保健。有一个调查显示，我国青少年近视眼发病率日趋升高，严重影响了他们日后的生活和工作。

孩子，我不想你的明亮美丽的眼睛有任何损失。你一定要爱惜自己的眼睛，做一个健康的人。亲爱的孩子，所有的这些，都是希望你能保护好心灵的窗户——明亮的眼睛。

做一做

以下是一些保护眼睛的资料，希望你能够好好地看一下，好好地爱护你的眼睛：

★节假日的时候，很多人都喜欢看电视。看电视的时间不要过长，最好每隔半小时就闭上眼睛休息一下，或者转移视线，使眼睛得到调节。看电视的时候你还要和电视机保持适当的距离。距离太近或太远，都会加重视力疲劳，很容易导致近视。

★学习时对眼睛的保护。最好不要在强烈的或昏暗的光线下看书、写字。不要躺着看书，乘车走路时也不能看书。学习的时候，要及时让眼睛得到放松和休息。

★上网时对眼睛的保护。上网时最好不要持续操作，应该每隔1小时就休息一下双眼。另外要经常眨眨眼睛，防止眼睛干涩。

★多吃有利于眼睛发育的食物。除了以上一些保护眼睛的方法外，你还要经常吃些有益于眼睛发育的食品。比如：富含蛋白质的食物，富含维生素A的食物等。

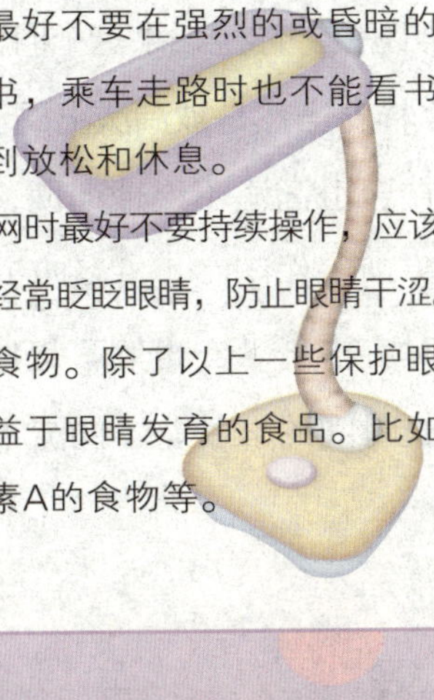

记一记

学做眼保健操

双手握成小拳头，
伸出食指碰一碰。
两手食指放眉头，
轻轻按住揉一揉。
两眼微闭请放松，
做操一定要用功。
找准位置不乱动，
小朋友们记心中。

35 不要临时抱佛脚

BU YAO LIN SHI BAO FO JIAO

孩子，在观看比赛运动的时候，你一定见过运动员在发令枪响之后，像一支支离弦的箭一样向终点跑去。你说如果这个时候，有某个运动员突然说自己还没有准备好，那会怎么样？当然是被淘汰出局了，对吗？

孩子，你看演说家在台上滔滔不绝地演说，不时博得听众的掌声。你知道他们为了今天的出色表现，作了多少准备吗？是不是昨天晚上才匆匆忙忙地开始背诵演讲稿，临时突击一下？当然不是！俗话说“台上一分钟，台下十年功”，他们是经过长时间的准备，不知流下了多少汗水，才有今天的精彩表现。

孩子，我说这些，是因为这几天看到你在为准备期末考试忙得团团转。晚上叫你早点儿休息，你说还要复习。你翻开平时的作业本，发现有好多错误没有纠正过来，但是现在已经想不起来了，只好打电话问同学。

看着你如此忙碌，我真想说：“孩子，你平时要是像现在这样积极和努力就好了。”

有一则寓言是这样的：苍蝇和蚂蚁共同生活在漂亮的花园里。秋天到来了，蚂蚁开始利用一切时间积极地储藏过冬的粮食，为即将到来的冬天作准备，而苍蝇却依旧游手好闲，靠四处偷食别人的食物为生，并且还嘲笑蚂蚁不懂得享受。

可是，当冬雪飘零时，活下来的却是小小的蚂蚁，而那只自以为聪明的苍蝇早被冻死在臭水沟里了。

孩子，这就好像你现在的情况。平时你看电视、玩游戏，到处去玩，把当天应该复习的功课一拖再拖，作业也是丢三落四。现在到了快考试的时候，你才着急了，到处借笔记。

平时不懂的问题堆积得太多，这时也没有办法一下子弄明白。你又害怕时间不够，于是晚上“开夜车”，结果白天又无精打采的，听课效率很差。真不知道到了考试的那天，你还有没有好精神去应付考试。

孩子，我希望你能向那些勤奋的蚂蚁学习。如果作业还没有完成，即使有再好看的电视节目，也要克制自己的欲望。如果还没有完成今天的学习计划，就不要找借口休息，无论怎样都要想办法完成计划。

我知道刚开始这样可能会有点儿困难，但只要坚持下去，养成一种习惯后，就会取得很好的效果，以后再也不用临时抱佛脚了。

做一做

★如果想考出好成绩，考前就不能临时抱佛脚，怀有侥幸心理。工夫应该下在平时，只有坚实的积累方能结出丰盛的果实。

★把握好考试前两三天十分重要。总的原则是充足休息，适当复习。这时不宜再攻难题，但每天都要坚持做一定量的基础题。千万不要再挑灯夜战，如果晚上睡眠不好，第二天考试很容易出现瞌睡头晕等情况，很容易影响考试成绩。

记一记

一本书就像一艘船，带领我们从狭隘的地方，驶向生活无限广阔的海洋。

——佚名

36

让美好的音乐永远伴随你

RANG MEI HAO DE YIN YUE YONG YUAN BAN SUI NI

孩子，从小你就对声音特别敏感。我记得，你还只能躺在摇篮里的时候，我在摇篮旁边挂了一个风铃。每当风吹过来的时候，风铃互相碰撞，发出清脆悦耳的声音。这时候，你的眼神就会十分专注，安静地聆听那美妙的声音。

稍微大一点儿后，爱动的你还是喜欢听音乐，只要我一放音乐，你就会安静下来，静静聆听。后来，你喜欢跟着电视里的歌手唱歌，又对他们弹奏的钢琴产生了兴趣，磨着我们也要学钢琴。

孩子，我也愿意让美好的音乐永远伴随你。音乐是天使的语言，它最容易

触动我们的心灵，能带给我们至美的享受。我小的时候，母亲也曾经用柔和的歌声陪伴我入睡，父亲还会吹笛子给我听，那清亮的笛声让人想起南方的竹林、北方的草原。有时候，母亲也会弹几首歌曲，我就站在旁边，和着曲子轻轻歌唱，感觉自己就像一个美丽的天使，在音乐的天堂尽情飞舞。

孩子，有了音乐的陪伴，我们的生活可以更加丰富多彩。音乐把我们带进一个个美妙的神奇的世界，当我们开心的时候，音乐为我们助兴，当我们不开心的时候，音乐又轻轻抚慰我们的心灵。

孩子，我也鼓励你去学一两种喜欢的乐器。你要把它当成一种热切的爱好，坚持下去。在你以后的人生旅程中，当我们不能够再陪伴你的时候，你可以轻轻弹奏一首老歌，回忆曾经的美好时光。你还可以用美妙的音乐为你爱的人和爱你的人带来安慰和快乐。

心爱的孩子，愿你的一生，有美妙的音乐陪伴。

做一做

音乐作为人类社会的另类语言，让人为之喜悦，为之欢呼，使心灵受到陶冶，使情感得到升华。那么我们究竟应该怎样来愉快地参与这个过程呢?

★养成听音乐的好习惯。认真地欣赏一首作品，必须保证视听环境的安静。因为音乐是一门听觉的艺术，如果你没有用心，那么你所捕捉的形象也许是歪曲的、不全面的，获得的信息也就是零碎的。

★可以学习一些音乐理论。欣赏音乐要了解些什么呢? 一是要有一定的乐理基础知识；二是要对这首作品的作者、时代背景、创作风格有一些了解；三是要对乐队的编制、演奏形式有些了解。了解这些后，相信你的欣赏能力会大大提高。

★要有一定的音乐鉴赏能力。音乐领域浩瀚如海，音乐作品层出不穷，特别是在21世纪的今天，几乎到了泛滥的地步，所以，选取优秀的作品欣赏十分必要。

记一记

欣赏音乐，需要有辨别音律的耳朵，对于不辨音乐的耳朵来说，最美的音乐也毫无意义。

——马克思

37

希望你成为战胜困难的勇士

XI WANG NI CHENG WEI ZHAN SHENG KUN NAN DE YONG SHI

孩子，还记得你刚刚学走路的时候，紧紧抓住我的手，不敢松手吗？在我们的再三鼓励之下，你终于慢慢地松开我的手，尝试着迈出第一步。虽然你也不止一次地摔倒过，但你还是很勇敢地去做各种各样的尝试。我们当时都为你这种勇敢的尝试精神而感到欣慰。

你渐渐长大，面临越来越多的新鲜事物。我们在关心爱护你的同时，也总是尽量让你独自去处理一些事情。虽然有时候你并没有做好，但我们还是鼓励你去尝试，一次不行，就再来一次，甚至反复数次。

我们这样做的目的，无非是不想让你成为时时需要庇护的温室里的娇嫩花朵，我们希望看到你勇敢地在人生路上闯荡，自由地去开拓属于你的美好天地。

孩子，你知道吗？生活中总有许多看起来十分困难的事情，很多人担心这害怕那的，还没有开始就已经泄气了，根本就不敢让自己去试一试，结果什么事情也做不成。

贪恋温室的花朵，生命力不会旺盛，遇到风吹雨打，恐怕就受不了了。据我所知，现在还有很多孩子也像温室里的花朵一样，遇到一点点困难，首先想到的不是想办法试一试，而是转头让爸爸妈妈帮忙，还记得以前给你讲过小马过河的故事吧：

小马从来没有独自出过门，碰到一条河不知道自己能不能过，问别人吧，可是有的说深，有的说浅，搞得小马无所适从。自己拿不定主意，只好又回家去问妈妈，最后它自己去尝试了，才发现原来河水既不深也不浅。相信一直在妈妈保护下生活的小马经过这一次过河事件后，会渐渐成熟起来，不会再什么事情都依赖妈妈，遇到新事物或困难的时候，也会勇敢地去试一试。

第37封信 希望你成为战胜困难的勇士

孩子，你渐渐长大，无论你愿不愿意，生活中的许多事情都要来临。如果你不肯放弃温室，事事都要采取逃避的态度，就不能够学习、改变、感受和成长。只有那些勇于战胜困难的人，才会一步步走向成熟，才能战胜困难，实现美好的愿望。

我们不要你做温室里娇嫩的花朵，我们希望你勇敢地挑战风风雨雨，长成一棵参天大树。

记一记

经验丰富的人读书用两只眼睛，一只眼睛看到纸面上的话，另一只眼睛看到纸的背面。

——佚名

想一想

什么东西能比石头还硬？什么东西能比水还柔？然而柔水却穿透了硬石，靠的就是坚持不懈。

有个年轻人去微软公司应聘，而该公司并没有刊登过招聘广告。总经理感觉很新鲜，破例让他一试。面试的结果出人意料，年轻人表现糟糕。他对总经理的解释是事先没有准备，总经理以为他不过是找个托词下台阶，就随口应道："等你准备好了再来试吧。"

一周后，年轻人再次走进微软公司的大门，这次他依然没有成功。但比起第一次，他的表现要好得多。而总经理给他的答复仍然同上次一样："等你准备好了再来试。"就这样，这个青年先后5次踏进微软公司的大门，最终被公司录用，成为公司的重点培养对象。

这个故事的名字叫《再试一次》，读完后你有什么感悟呢？你有没有信心去为自己想做的事再试一次呢？

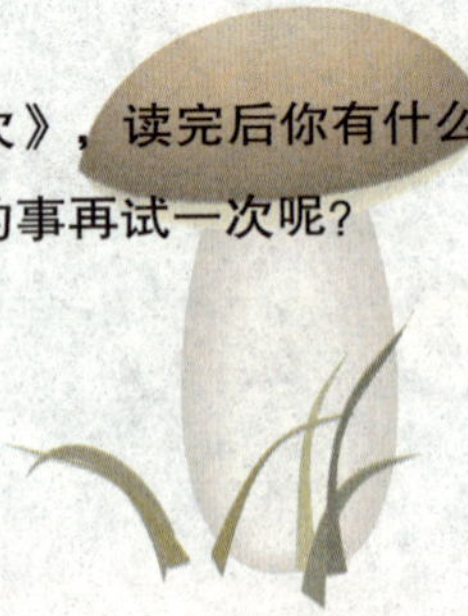

38

珍惜时间从今天开始

ZHEN XI SHI JIAN CONG JIN TIAN KAI SHI

孩子，当我问你："今天的作业完成了吗？"你紧盯着电视，头也不回地说："明天再做吧，反正很少。"

孩子，你这种对待时间的态度是不对的。看着你坐在书房里写作业，好像满腹委屈的样子，我就觉得很有必要写下这封信了。

世上那些成功的人，莫不是珍惜时间的人。"一寸光阴一寸金，寸金难买寸光阴"，这句话在他们身上得到了很好的体现。有这样一个故事：

有一天，著名的教育家班杰明接到一个年轻人的求救电话。年轻人说，希望能与班杰明见面，并请教成功的秘密。班杰明与年轻人约好了见面的时间和地点。

当那个年轻人如约而至的时候，班杰明的房门大敞着，眼前的景象令年轻人大吃一惊——班杰明的房间里乱七八糟，一片狼藉。

没等年轻人开口，班杰明就招呼道："你看我这儿太乱了，请你在门口等一分钟吧。"他边说边把房门关上了。

不到一分钟的时间，班杰明就又打开了房门，并热情地把年轻人让进了客厅。这时，年轻人的眼前是一个非常整齐的房间，桌上还放了两杯刚倒好的红酒。

班杰明举起酒杯说："干杯，年轻人，你已经得到答案了吧。"

年轻人很尴尬地说："可是我还没向您请教呢……"

"这难道还不够吗？"班杰明一边看着自己的房间一边说："你进来又有一分钟了。"

"一分钟？"年轻人若有所思地说，"我懂了，您让我明白了一分钟的时间可以改变很多事情。"

教育家班杰明仅仅利用一分钟就让这个苦恼的年轻人得到了答案。原来，一分钟是如此重要，它能改变这么多的事情。然而，孩子，对你来说，一天就是去游乐园的时间，一个小时就是看动画片的时间，一分钟就是赖在床上不想起床的挣扎时间。

孩子，你知道吗？有一些人没有认识到时间的珍贵，他们以为自己拥有大把的时间，于是整天游手好闲，把所有该做的事情都推到以后，最终碌碌无为地度过一生。还记得寒号鸟的故事吧，当喜鹊利用每一分钟的时间为自己搭暖和的窝时，它却把时间花在了闲逛和睡觉上，结果，只能在寒冷的冬夜被冻死在崖缝间。寒号鸟终于因为自己的懒惰和浪费时间而丢失了生命，孩子，这个不值得我们深思吗？

伟大的剧作家莎士比亚曾经说过："时间给勤奋者以智慧，给懒汉以悔恨。”也就是说，勤奋的人珍惜每一分钟的时间，用来充实自己的智慧，从而变得越来越出色。而懒惰的人浪费时间，任时间从自己的身边白白溜走，结果一事无成，只留下一腔悔恨。

孩子，如果你不想让自己的美丽梦想变成泡影，那么就应该从现在开始努力学习，珍惜每一分钟的时间。

孩子，你要改掉那种拖沓的毛病，养成立即行动的习惯。你不要给自己找借口，如果要努力，就要从今天从现在这一刻开始。

做一做

如何提高时间利用率？具体的方法还是要依照个人的日程来安排，比如以下两种：

★增加学习的时间。提高利用时间的效率，可以从总体时间中尽量寻找可以利用于学习的时间。如果我们把早晚饭后、睡前、买饭排队、候车、理发等时间充分利用起来，每天多利用两三个小时，那么一年就是900多个小时。

★充分利用节假日时间。假期大都是由我们自由支配的，有大块的时间可以利用。在保证充分休息的前提下，每天可抽出一定时间用于学习。

★提高用时效率。首先不能浪费时间，学习时就要专心致志，休息时就要完全放松。你还可以制订一个计划，把要做的事情分先做后做，这样也会节约大量的时间。

记一记

明日歌

明日复明日，明日何其多。我生待明日，万事成……

39 合作会让你更快乐

HE ZUO HUI RANG NI GENG KUAI LE

孩子，你还记得曾经在我单位遇见过的那位蔚蓝姐姐吗？她是我同事的女儿，今年考上了北京的一所著名大学。最近她的妈妈，也就是我的那位同事，告诉我很多关于她在大学里的事情。我听了这些事情后，很受触动。

蔚蓝从小学到中学，一直是优秀学生。她性格活泼，幽默大方，尊敬老师，与同学朋友和睦相处，十分受老师和同学的欢迎。

然而，蔚蓝在大学校园里住了不到一个星期，就打电话回家诉苦。蔚蓝对爸爸妈妈抱怨大学里的生活，说自己和身边的人不是一种人，他们根本不能了解自己。蔚蓝与周围的一切总是格格不入，她不懂为什么别人不愿意接近自己。

蔚蓝的妈妈没有想到一向活泼优秀的女儿，进入大学后碰到的第一个难题，竟然是与人交往。于是她不断地开导女儿，告诉她：这个世界是由各种各样不同的人组成的，一个人只有学会与不同的人交往，学会与别人合作，才能够适应未来的社会。

蔚蓝接受了家人的建议，经过一番反省，她开始主动与那些原本陌生的来自全国各地的同学交往。集体活动的时候，她热情起来，大方地为大家唱歌，讲笑话。渐渐地，大家接受了她，都愿意与她接近。蔚蓝再也不感到寂寞和苦恼了，她已经成功地融入了自己的集体。

孩子，我也从一些报纸杂志上看到过一些真实报道，每年大学新生入学后，都会发生一些状况。有一些同学在家里娇生惯养，初到大学，心里根本没有别人。他们旁若无人，夜里上厕所时，开门关门和说话的声音都很大，影响了别人的休息，自己还没有察觉。有些同学不愿意跟别人合作交流，独来独往，还抱怨这个世界太冷漠，没有人关心他。

孩子，这些事情让我震惊，也让我不断反省：平时对你的教育，是不是缺少了与人交往相处这一项？

孩子，你要知道，分数固然重要，但是一个人想步入社会站稳脚跟并取得成功，最关键还是靠能力。而我认为，与人合作是一个人生存和发展的最基本最重

第39封信
合作会让你更快乐

记一记

一滴水只有放进大海里才永远不会干涸，一个人只有当他把自己和集体事业融合在一起的时候才能最有力量。

——雷锋

要的能力。

在这个世界上，个人的力量再强大，也总是显得单薄，无法完成稍微艰难的事情。而团结与合作能够聚集强大的力量，完成个人所不能做到的事情。

所以孩子，要学会生活，必须先学会合作。在合作的过程中，你会渐渐学会如何协调自己与他人的利益，使得整体活动得以进行。一个有合作精神的人，能够更容易适应这个社会，并发挥积极作用。而不懂合作的人在生活中会遇到许多麻烦，产生更多的困难并且无所适从。

心爱的孩子，我不要你成为高分低能的人，也不要你成为一个孤独的人。我希望你从小就树立起合作的意识，更好地融入到集体中去，以你的开朗和愿意合作的姿态，与他人和谐相处，施展你的才华，走上成功之路。

做一做

如何与别人合作？下面有几条简单的原则可以参考一下。

★保证自己个性的良好平衡，避免走极端。

★在集体活动中争取主动。

★保持谦逊，在别人的行为应受到尊敬时，诚挚地向别人致以敬意。

40

学习榜样的动力

XUE XI BANG YANG DE DONG LI

孩子，我觉得这段时间你好像有点儿骄傲了。没错，这个学期以来，你的成绩一直保持在前三名，你的作文还得到过老师的好评，你参加了几个学校联合举办的数学竞赛，获得了很好的成绩。

老师的赞扬，同学们钦佩的目光，似乎使你有些飘飘然了。跟别人说话的时候，经常表现出满不在乎的神情。只要我提起哪个孩子很优秀，你就会用不屑的语气说："有什么了不起的？"

孩子，难道你的目标只是保持现有的成绩吗？你只想跟现在的这些同学比较，不想走出这个小城市，与更多优秀的学生比吗？还记得我曾经告诉你的一个故事吗？

刘刚和李康是形影不离的好朋友，就连考试成绩也是“形影不离”，如果刘刚考试成绩是第20名，那么李康不是第19名就是第21名。可是这次期中考试排名出来后，李康的排名却一下子进入到了班级的前10名，这让刘刚有点儿惊诧。

后来，百思不得其解的刘刚还是问了李康后才知道原因。原来李康为了让自己摆脱这种不上不下的排名，在学习上取得进步，前段时间一直把班里的好学生刘立作为自己的学习榜样。为了能赶上刘立，他努力学习，珍惜时间，以刘立作为自己的赶超目标。正是因为有了这样一个好榜样，所以李康才能在学习上有大进步。

知道了李康进步的原因后，刘刚深有感触，他决定从现在开始也把李康作为自己的学习榜样。因为有了这个动力，刘刚的学习也变得更主动了。转眼期末考试到了，李康高兴地看到自己的好朋友也挤进了前10名，和自己成为齐头并进的好伙伴。

有一句话说：山外有山。孩子，任何时候，对已经取得的成绩都不能有自满的态度，你应该扩大范围，寻找比自己更优秀的学习榜样和竞争对手。只有

这样，才能不断取得优秀的成绩。

孩子，在你的一生中，必定会遇到各种各样不同的竞争对手。在学校的时候，总是会有人成绩在你之上，如果你稍有懈怠，你就会被别人超过。将来你到了社会中，还会面临更多更强大的竞争对手。

如果你逃避这些竞争，最可能的结果就是你会一天天脆弱下去，甚至没有办法保护自己。但是，如果你能够坦然地接受这些挑战，积极地去面对竞争，你就会越来越优秀，你的生命也必将是精彩的。

我还记得一位著名的速滑运动员曾经说过这样一句让人深思的话："一个人最可怕的就是没有对手。"在这位运动员的眼里，对手就是动力。

孩子，我希望你立刻改正骄傲自满的态度，把眼光放得远一点儿，给自己找一个优秀的学习榜样作为挑战，不断激励自己，让自己更加成熟和优秀。

孩子，无论何时，你都要坚持为自己寻找那些优秀的学习榜样，为自己树立奋斗的目标，像雄鹰一样，向更高处的蓝天白云看齐，不懈努力，最终你将在蓝天白云间自由翱翔，看见更远处的美丽风景。

第40封信
学习榜样的动力

记一记

榜样的力量是无穷的。

——科·达勒维耶

想一想

曾经有一位动物学家对生活在非洲大草原奥兰治河两岸的羚羊群进行过长期的研究。他发现，东岸羚羊群的繁殖能力比西岸的强，奔跑速度也要比西岸的快。但是，这些羚羊的生存环境和属类都是相同的，饲料来源也一样。

这是为什么呢？为了解开这个谜，这位动物学家在东西两岸各捉了10只羚羊，把它们送往对岸。结果，运到东岸的10只羚羊一年后繁殖到14只，运到西岸的有7只已经变得很虚弱了。

最后的结果表示：东岸的羚羊之所以强健，是因为在它们附近生活着一个狼群，西岸的羚羊之所以弱小，正是因为缺少了这么一群天敌。

这个故事有没有帮助你更好地理解榜样和竞争对手对于个人的意义呢？如果有新的感想，希望你和爸爸妈妈好好聊聊，也许他们会给你更多的指导。

第5章

珍爱自己

41 珍惜自己的生命

ZHEN XI ZI JI DE SHENG MING

心爱的孩子，你知道生命的意义吗？当你刚来到这个世界上的时候，我们在欣喜之余，郑重地许下愿望，愿你有一个美丽的人生。我们尽自己所能，为你提供了最好的生活条件和学习条件。看着你迈开人生第一步，听你第一次喊出爸爸妈妈，看着你一天天长大成熟起来，我们感到无比欣慰。

然而，当我不断地从报纸杂志上得知一些青少年轻生的事件时，心里不由得难过起来。我为这些孩子的父母和所有爱他们关心他们的人感到难过和不值。

某大学刚刚开学，操场上一批新生正在接受军训，其中有一个学生无精打采。他从来没有吃过这样的苦，抱怨食堂的饭菜不合胃口；他不会洗衣服，觉得自己根本无法适应这种生活。过了几天，不放心他的父母特意从老家来到学校，准备在附近租套房子陪读。当日，他的母亲看中一套房子，但因租金过高而没有租。吃晚饭时，他得知消息十分失望，回到宿舍后就从窗户跳下去。

随着他落地时的一声巨响，青春被定格在21岁！

据统计，仅在北京，2005年的上半年就有十几个大学生自杀。这些年轻的生命犹如花朵一样，正开得灿烂，不知有多少人羡慕他们，然而，仅仅因为学习压力，失恋，或者离开了父母的照顾不能适应独立生活等等原因，这些人就轻而易举地选择了结束自己的生命。这实在令人无比痛心。

这些轻生的大学生面对困难的时候，选择了逃避，选择了以死作为解脱。可是，生养他们的父母所遭受的巨大痛苦，是一辈子也无法解脱的。孩子，你应当记住，当你妈妈经过十月怀胎，经过一番痛苦把你生下来的时候，你的生命已经不完全属于你自己了。对于自己的生命，你没有权利去浪费它或糟蹋它，更没有权利去结束它。

不管发生什么样的事情，为了你自己，为了我们，为了关心你的老师和所有的朋友，你也应当坚强地保护你的生命。

孩子，你要知道，一个人的一生难免会遇到一些挫折，包括家庭意外变故、学业压力、升学失利、交友受挫等。这时，你一定要相信，挫折和困难都是暂时

的，只要勇敢地去面对，去努力改变，没有过不了的坎。而逃避只会让你一直消沉下去，永远也无法摆脱阴影。

孩子，你能来到这个世界上，已经很不容易了，你没有任何理由不珍惜自己的生命，更没有任何理由残害践踏自己的生命。你的生命是爸爸妈妈给予你的最珍贵的礼物，你的生命里，寄托着我们的爱和希望。

心爱的孩子，希望你爱惜生命，用勇气来战胜自己面临的困难，用坚强的意志来排除所有的困难。愿你生命中的每一天，都充满温暖的阳光和欢乐的笑声。

想一想

兔子的胆小是出了名的，它们会经常受到惊吓，这总是像石头一样压在它们的心上。

有一次，众多兔子聚集在一起，为自己的胆小无能而难过，悲叹自己的生活中充满了危险和恐惧。它们越谈越伤心，不断哀叹自己天生不幸。

它们觉得自己的这种生活毫无意义，于是，它们一致决定从山崖上跳下去了结自己的生命，结束一切烦恼。于是，它们一齐奔向山崖，想要投河自尽。这时，一些青蛙正围在湖边蹲着，听到急促的脚步声，如临大敌，立刻跳到深水里逃命去了。

看到这个场景，有一只兔子突然明白了，它大声说："青蛙比我们更弱小，可是它们却还是继续勇敢地活下去，我们何必这么想不开呢？"这么一说，兔子们的心情豁然开朗起来，于是它们欢天喜地地回到自己的家里去了。

这样想一想：弱小的青蛙都知道爱惜自己的生命，我们还有什么理由随随便便丢弃自己的生命呢？

记一记

尊重生命，尊重他人也尊重自己的生命，是生命进程中的伴随物，也是心理健康的一个条件。

——弗洛姆

42

做记忆力的主人

ZUO JI YI LI DE ZHU REN

心爱的孩子，看着你踏进小学校园的大门，我们由衷地感觉到欣慰。你已经比以前长大了许多，更懂事了，对世界，对未知的一切充满了好奇，什么都想探索，什么都想尝试。

然而，看着你的书包一天天重起来，我们又不免有些担心。你的学习任务将会一天天繁重起来，孩子，你能否顺利地走过去？除了生活方面，我们多么希望在学习上也能够给你一些帮助。

你是一个聪明的孩子，这一点毋庸置疑。但是，有时候你却那么健忘：把钥匙落在家里，放学后进不去门；把作业落在家里，不能及时交作业。

目前的学习内容还比较简单，要记忆的东西也不会太复杂。但是，随着学习的深入，要求你记忆的东西就不会再那么单纯简单了。

孩子，学习本来就是一个理解、记忆和运用的过程。记忆在学习中占了很大一部分，并直接影响到学习效果。我真不想看到你在学习上也像现在这样健忘。

如果你现在能够主动去掌握一些科学的记忆方法的话，就可以明显提高学习效率，一分钟的时间起到两分钟的作用。这样不仅有利于你搞好学习，还能省出很多时间更全面地发展自己。

孩子，我相信，只要你用心去发现，去总结，肯定还有更多关于提高记忆力的方法。总之，我们相信，你肯定能够克服健忘的坏习惯，成为一个记忆高手。

做一做

你可以从以下几个方面入手，有效地提高记忆力：

★懂得快不如记得牢，所以你应该有计划地安排复习计划。因为已经理解和记忆的东西，如果没有及时去复习巩固，过了一段时间，已经记忆的内容就会荡然无存。

★你要尝试着运用多样化的记忆方法。你可以根据不同的条件采取各种各样的记忆法，如独自朗读、动笔抄写、请同学当听众或提问抽查等。只有这样全面调动记忆潜力，才会有良好的效果。

★你要养成良好的记忆习惯。只有专心致志，才会有较好的记忆效果。你在复习记忆的时候，要尽力排除其他事情的干扰，养成一心一意的好习惯。

★在你进行记忆的时候，要调整出良好的心理状态。兴趣是最好的老师，只要你能激发自己的兴趣，记忆效果就能倍增。

记一记

饭可以一日不吃，觉可以一日不睡，书不可以一日不读。

——佚名

43

自我保护，不上当受骗

ZI WO BAO HU BU SHANG DANG SHOU PIAN

孩子，虽然我一再地告诉你，这个世界上，善良的人总是比坏人多，美丽的东西比丑陋的多，然而不可否认的是，这些坏人有时候破坏了原本安宁的环境，给人们的生活带来一些阴影。

孩子，我们不能够保护你一辈子，更不能让你成为温室里的娇嫩花朵。所以你注定有一天要独自面对生活中的一切。当这一天来临的时候，我希望你有足够的勇气和经验。

当然，你的勇气和良好经验，来自于现在的磨炼。有一点很重要，就是你要学会辨别是非，学会好好保护自己。这个世界是美丽的，却也是复杂的，那些心怀鬼胎的人，总是以各种各样的假象出现，企图迷惑单纯的人。

孩子，你要清楚知道，像狐狸这样本性狡猾凶恶的人，当他们以一副温情脉脉的面孔出现在你面前并对你百般讨好的时候，肯定是有所图谋的。如果你放松了警惕，甚至对他们展开怀抱，就会落得可怜的下场。

在我们的生活中，那些坏人往往不会直接表现出他们丑陋的本质，而是用迷人的微笑、甜言蜜语或物质报酬等诱惑人。

我从报纸上看到一些坏人诱骗小学生的报道。比如经常会出现这样的情况：

她第一次出远门到外地姑姑家过暑假，站在这座陌生城市的十字路口，放下旅行包，四处张望。一辆风驰电掣的摩托车停在她身旁。“怎么啦，小妹妹？我可以帮你吗？”一个男子的声音从红头盔盖下发出来。她怯生生地问：“请问，去五四路怎么走？”那男子一笑：“不远，你坐后头，我带你去”。她犹豫着。那个人见她没动，又笑道：“不收钱，只是顺路。来吧！”说着，伸手帮着把旅行包提到车上……

孩子，这样的事情在生活中是可能遇到的，而课本上恰恰没有讲到。所以我们希望你平时能提高警惕，不仅是为了自己，更是为了所有爱你的人！

第43封信
自我保护，不上当受骗

记一记

毒蛇不在粗细，坏人不分远近。

——佚名

做一做

提高自我安全保护意识，以下几点你一定要十分注意：

★了解一些基本的法律知识，并通过报纸、电视等媒体，广泛了解当前犯罪分子的行骗方式。

★理智的自制。要对意外钱物有所警惕，要有拒绝诱惑的勇气，要有抗拒威胁暴力的决心，要有对慌乱情绪和鲁莽行为的自我暗示和对自己体力及能力的客观估计。

★要自尊、自爱、自律，不随便接受陌生人的东西，不受其诱惑。学会灵活的自卫方式。利用环境保护自己，借用他人保护自己，运用法律保护自己。

44

今日事，今日毕

JIN RI SHI JIN RI BI

孩子，我曾经告诉过你，今天的事情不要拖到明天去做，应该好好珍惜时间。我还曾经告诉过你，平时就要努力学习，不要临到考试的时候才着急抱佛脚。在这封信里，我想跟你讨论如何安排时间。

孩子，你知道鸣鸣吧。他和你一般大，在另外一个学校上五年级。前几天，我听他妈妈说了这样的事情：

鸣鸣学习成绩平平，既不会落后到最后几名，也没有什么进步，他学习的时候总是很随意的样子。

那天晚上，爸爸、妈妈都快要睡觉了，可鸣鸣屋里还亮着灯。爸爸敲开房门，说："鸣鸣，该睡觉了，要不明天起不来了。"

“爸，过两天我们班要测验，我得看看书。”呜呜说道。

“你这孩子，平时放学，看不到你的影子，这倒好，要考试了就来临时抱佛脚。”妈妈走过来说。

测验结果出来了，呜呜考得很不理想，他自己心里也纳闷儿：“我都开了好几天夜车了，为什么考试的结果还是这样呢？”

孩子，其实据我了解，你们同学当中像呜呜这样的人还有很多，他们学习的时候都很随意，没有计划性，平时不好好利用时间，到了考试的时候又临时抱佛脚，结果当然是得不到好成绩了。

孩子，你要知道，学习如果没有计划，就会陷入到一种茫然无绪的状态中，既浪费了时间，又无法达到预期的效果。

所以，孩子，你要学会根据自己的具体情况，制订学习计划。其实，根据我们的了解，孩子，你也不是没有制订过计划。只是那些计划刚开始执行得很好，后来就渐渐懈怠了。我仔细分析了一下你的情况，总结出计划不能很好执

行的几个主要原因：

第一，自我约束能力差，计划上已规定好在某段时间做某一件事，但到时候缺少毅力和自我控制能力，又去干别的事了。

第二，有拖延任务的毛病，经常今日事明日做。

第三，计划安排的学习内容太多了，时间也不够用。

所以说，如果想让计划发挥最大的作用，还应该有很大的毅力，能够坚持不懈地照计划实行。可能刚开始的时候有点困难，看到别人玩得很开心，也很想出去。这时候你要告诉自己：现在是学习时间，等会儿去玩也不迟。这样忍耐几次以后，就会逐渐养成遵守计划的习惯。

另外，一定要改掉拖延任务的坏习惯，今天的事情一定要今天及时完成。

至于学习的内容，也不能安排得太多，要根据自己的实际情况，量力而行。要把学习和休息结合起来，这样才能收到良好的效果。

爱因斯坦在工作之余，也经常通过弹钢琴、拉小提琴来使自己的大脑放松，有时他还会拿起望远镜遥望繁星点点的夜空。

孩子，正因为你现在的学习任务比以前繁重了，所以我要给你写这么一封信。希望你能够有计划地安排自己的学习和生活，什么时候做什么事情要心里有数。

我想，不管是学习还是生活，一个做事有计划，心里有数的人，总是能够更好地把握事情发展，始终会拥有更多走在别人前面的机会。

第44封信
今日事，今日毕

记一记

长计划，短安排

要做事，但不要做事务的奴隶

闲时无计划，忙时多费力

做一做

那么，制订学习计划要注意哪些方面呢？

★计划要全面。既然订的是学习计划，自然主要是安排学习时间，但还应当兼顾锻炼身体时间、集体活动时间、文化娱乐时间、帮助家长做家务时间等。

★要安排好常规学习和自由学习的时间。常规学习就是按照学校规定的学习时间学习，这部分时间应当根据学校规定和老师的要求去安排。在自由时间里，应该具体安排要看的书和要做的事，不能让时间白白流走。

★要注意长计划和短计划的安排。长计划就是指一个学期要实现的一些大目标，而短计划就是一周甚至一天所要实现的小目标。积少成多，只有平时不懈努力，才有可能最终实现大的目标。

★要注意计划的效果，及时作出调整。

45

真诚对待朋友

ZHEN CHENG DUI DAI PENG YOU

孩子，在这个世界上，没有朋友的人是最孤独的，没有人可以与他分享快乐，也不会有人与他共担风险。他的心灵会在一天天的沉默和封闭中枯萎，最终不能够感觉到快乐和温暖。所以，我们每一个人都是需要朋友的。很多时候，朋友带来的真诚慰问，总是能够拂去你心中不快的阴影，让你感受到春日阳光般的温暖。

孩子，你必须付出你的真诚，用关爱和信任去维系你们的友情。你要知道，一个态度恶劣和自私自利的人是不会有朋友的。

孩子，当朋友需要安慰和帮助的时候，你要热忱地伸出双手，去关心和帮助他们。你要用一种宽容和真诚的态度对待朋友，铭记他们对你的好，把一些不愉快的事情尽快忘记。有这样一个故事：

在一个小镇里面住着来自世界各地的人们：白人、黑人还有黄种人。在镇上的学校里，那些白人的小孩，总是喜欢嘲笑柯比，因为他是黑人。他们常讥讽他说："如果你掉进煤堆，我们肯定找不到你，因为你跟煤一样黑。"柯比没有还击，因为他的父母告诉他，"不要和你的同学发生冲突，那样你会失学的。"

有一次，一个叫丹尼尔的白人孩子，大声地说："黑人都是垃圾，那些小偷，抢劫犯都是黑人。"柯比真的生气了："你说的不是实话，那些小偷和抢劫犯也有白人。"

"那也是因为有了你们这样的垃圾，在你们没有来之前，这里是没有垃圾的。"丹尼尔回应道。

柯比睁圆了眼睛，但是片刻他就平静了下来。没有再说什么，转身离开了。

他的家在小城的另一头，紧靠着河边。"我不是垃圾！"柯比一边走一边说道，就在快要到家的时候，他听到了呼救声，那是从河里传出来的。

善良的柯比急忙朝河边跑去，一个白人小男孩在河里挣扎。那是科恩，丹

尼尔的弟弟，柯比认出了小男孩。但是救人要紧，他毫不犹豫地跳进了河里。冬天的河水让柯比感到一阵刺骨的冰冷。他奋力游到科恩跟前，将小男孩救了上来。

这时，小男孩的父亲听到消息，赶了过来。一起来的还有丹尼尔。

“谢谢你，孩子，能告诉我你的名字吗？”男孩的父亲感激地问道。

“爸爸，他叫柯比，是我的同学。”丹尼尔说话了，他走到柯比面前，眼睛里透露出一种奇怪的神情，说道：“谢谢你救了科恩！”

“同时，我为自己说过伤害你的话，向你道歉，希望你可以原谅我！”傲慢的丹尼尔后悔了。

“我接受你的道歉。”柯比慢慢地说。

“我们能做朋友吗？我很想跟你学习游泳。”丹尼尔小心地问道，看来他真的知道错了。

“当然可以，我也想知道你的弹弓是怎么做的呢！”柯比微笑着说道。两双手紧紧地握在了一起。

两个小男孩终于抛弃了成见，成为了好朋友。所以，孩子，你要记住，美丽的友情需要用善良和真诚来维系。我希望你能记住这封信里的故事，也希望在你的人生路上，拥有更多好朋友。

第45封信
真诚对待朋友

记一记

友谊真是一样神圣的东西，不仅值得特别推崇，而且值得永远赞扬。它是慷慨和荣誉的最贤慧的母亲，是感激和仁慈的姊妹，是憎恨和贪婪的死敌；它时时刻刻都准备舍己为人，而且完全出于自愿，不用他人恳求。

——薄伽丘

想一想

“鸡黍之交”——元伯巨卿

山东人范式（字巨卿）和汝南人张劭（字元伯）是朋友，两人同时在太学（朝廷最高学府）学习。毕业时，范式答应张劭两年后去看望他。日子到了，张劭就准备酒菜迎接他，果然，范式千里迢迢赶来赴约。二人对饮后告别。

后来张劭得了病，非常严重。范式忽然于梦中见了张劭，只听他仓促地说：“我将在某天死去，在某天埋葬，永远回到黄泉之下。你没有忘记我，怎么能不来？”范式惊醒，悲叹落泪，于是穿着丧服，赶去看张劭。还没有到达，张劭那边已经发丧了。到了墓穴，将要落下棺材时，灵柩却放不进去。不一会儿，范式也赶到了，他哭着吊唁说：“走了元伯，死生异路，从此永别。”参加葬礼的上千人，都为之落泪。范式亲自拉着牵引灵柩的大绳，将灵柩放入墓穴中。范式于是住在坟墓旁边，为张劭在坟周围种植了树，然后才离开。

46 做一个懂礼貌的人

ZUO YI GE DONG LI MAO DE REN

孩子，你是一个受欢迎的人吗？你有没有很多朋友？同学们愿意接近你吗？如果这些问题的答案都是否定的话，你真的应该好好反省一下了。你该仔细想想别人为何不愿意接近你。想想你是否对他们说了一些不礼貌的话，你是否有一些行为伤害到了他们。

孩子，希望你能做一个懂礼貌的文明的人。只有这样，才意味着你拥有良好的教养，才会受到大家的欢迎。

你注意到了吗？有些人喜欢插嘴，经常打断别人说到一半的话，这是一种不尊重人的做法，会引起别人的反感。所以，孩子，你在和别人——不论是老师、家长或者同学交往的时候，要多听少说。在倾听对方说话的时候，要

注视说话者，保持目光接触，不要东张西望。面部要保持自然的微笑，表情随对方谈话内容有相应的变化，恰如其分地点头。不要中途打断对方，让他把话说完。如果有问题，要等对方把一句话说完再提出来。

孩子，当你得到别人的关心和帮助时，不论这种关心和帮助是大还是小，都要表示真诚感谢。当有人为你递上一杯水，在街上为你指了路，捡起你掉下的东西时，你都应该向他及时表示谢意，说一声“谢谢”！

我见过很多这样的人，他们在外是谦谦君子，但是对自己熟悉的家人和朋友则根本没有什么礼貌和教养可言。孩子，你应该记住，真正的礼貌和教养是在任何时候、任何场合，对任何人都必须有礼貌。

孩子，你应该学习的文明礼貌知识还有很多，这里就不一一讲述了。你要记住几个常用的礼貌用语：“请、你好、谢谢、对不起、再见”。这10个字简洁明了，通俗易懂，在你平时跟人交往中，如能经常使用这10字用语，就可以避免许多不必要的误会和麻烦。

希望你成为一个懂礼貌的受欢迎的人。

做一做

孩子，做一个有礼貌的人，你起码应该做到以下几点：

★当你走在路上或在公共场所，如果遇见老师、邻居、同学等相识的人，应该主动打招呼，问候致意。

★如果你和家人去别人家做客，要注意避免在吃饭和休息的时间登门造访。拜访前，最好打电话告知，约定一个时间，以免扑空或打乱对方的日程安排。约定时间后，不能轻易失约或迟到。如因特殊情况不能前去，一定要设法通知对方，并表示歉意。

★当你在图书馆、阅览室等公共场所学习的时候，要注意整洁，遵守规则。查阅目录卡片时，不要把卡片翻乱或撕坏，或用笔在卡片上涂抹划线。

记一记

如果把生活比喻为创作的意境，那么阅读就像阳光。

——佚名

47 假期去农村体验生活

JIA QI QU NONG CUN TI YAN SHENG HUO

孩子，这个假期，我决定带你去农村体验生活。让我们走出校园，走出城市，去农村看看。你肯定对我的这个提议感到新奇吧。

其实我小时候就生活在农村，对那里的一切十分熟悉。而你就不一样了，除了在电视上看到一些关于农村的节目，或者在文章里看过一些描写农村的文字外，并没有真正接触过农村，不知道那里的生活是什么样的。

所以，孩子，我要带你回老家去度假。我相信你在那个美丽的乡村会体验到很多新鲜的东西。前几天，我看到一个同事的孩子写的几篇关于农村生活的日记，觉得写得很好。现在摘录一篇给你看：

8月2日

自从来到这里，我不仅认识了田野里的许多种植物，还交了一个与我一般大的乡村小朋友。她叫晓兰，晓兰的爸爸在外地打工，妈妈身体不好，长年吃药。因此晓兰十分懂事，经常帮助妈妈干一些农活。

我和晓兰成为好朋友后，我经常把从家里带过来的童话书借给她看，还去田地里帮助她拔草。因为有了这样的亲密接触，我第一次感受到了生活的艰辛，也第一次知道了生活中除了高大的厂房、宽阔的马路、川流不息的人，还有迷人的田野、清澈的山泉、一望无际的草原和晓兰这样淳朴善良的女孩……

明天妈妈就要来接我回去了，我突然有些依依不舍。我把童话书送给晓兰，对她说："明年的这个时候，我还会来！"

从日记看来，这个孩子真是在农村体验到了很多东西，对生活也有了更多的认识。我觉得，这些经验对他以后的生活肯定会有很大的帮助。

我记得曾经看过这样一个笑话：有一位老师问学生："你们知道鸡蛋是从哪里来的吗？"学

生们面面相觑，不知所措。过了一会儿，有一位学生用犹疑的口吻说："好像是从冰箱里边出来的。因为我经常看见妈妈从冰箱里边拿鸡蛋。"

这个笑话可能有点儿夸张，但是也从一定程度上反映了许多生活在城市里的孩子没有多少生活常识的现状。孩子，你是不是也闹过这样的笑话：把小麦认做韭菜，不知道胡萝卜是长在树上还是泥土里，弄不清楚高粱和小米的差别……

我知道你肯定有很多问题都不清楚正确的答案。我也知道，这一切其实也不能全怪你，因为生活在城市里的孩子，实在是没有多少机会去接触农村生活和体会劳动的艰辛。

所以，我决定以后多带你去农村走走，让你有机会开阔眼界，体验生活，学会珍惜已经拥有的一切。

做一做

★参加家庭劳动，通过劳动来体验生活。

★减少自己的零花钱或不需要零花钱，事实上，我们现在要用到钱的地方很少，很多时候我们必需的东西家长已经帮助我们准备好了。减少或者不用零花钱，看看自己的生活有什么变化。

★观察一下社会，比如你可以到工地参观一下。社会生活不是由电视、美食和欢笑组成的，你还可以和工人交流一下他们的工作感受，真正体会一下社会的多样性。

★在有安全保障的情况下，尝试在假期去打工。看看工作和学习之间的差别，再重新体会自己的学习生活。

记一记

任何一项劳动都是崇高的，崇高的事业只有劳动。

——卡莱尔

48

把你的爱好坚持下去

BA NI DE AI HAO JIAN CHI XIA QU

孩子，从小你就表现出对音乐的喜爱，主动要求去学钢琴。你还喜欢各种小动物和昆虫，周末带你去郊游的时候，你对大自然里那些飞来飞去的昆虫非常感兴趣，观察它们的身体特征，回来之后还特地去图书馆查阅相关的资料。

你还有其他的一些爱好。总之，只要我觉得这些爱好没有妨碍你的正常学习和生活，就不去打扰你。我知道，你在这些爱好中得到了很多乐趣，知识也日益丰富起来。

我曾经在名人传记中看到，爱因斯坦4岁时，父亲送给他一个指南针。小小的爱因斯坦发现，指南针无论怎么摆放，指针总是朝着同一个方向。这使他感到非常奇妙，“这里面一定有什么神秘的力量在起作用！”于是他就去问别人，别人回答不出的，他就自己琢磨，渐渐地开始对神秘的科学产生了浓厚的兴趣。

后来，已经在科学领域取得卓越成就的爱因斯坦在自传中追溯自己的成长历程时，还专门谈了小时候这件事给他心灵带来的震动。他认为，兴趣是最好的老师，它指引着你不断地去努力探索和发现。

孩子，古人也曾经说过：“知之者不如好之者，好知者不如乐之者。”兴趣是学习的“原动力”，兴趣是学习的“催化剂”，它对一个人的学习有着神奇的驱动作用，能变无效为有效，化低效为高效。

我国著名的新闻家和出版家邹韬奋也曾经说过：“一个人在学校里表面上的成绩，以及较高的名次，都是靠不住的，唯一的要点是他对所学的是否真正喜欢，是否真正有浓厚的兴趣……”所以，一个人只有在愉快的心情下，学习效果才会最佳，才能把大脑所蕴藏的学习潜力最大程度地发挥出来。

然而，毕竟我们的生活里还有很多其他你不感兴趣的事情。在你的人生中，可能会碰到一些自己不感兴趣却不得不去做的事情，还有可能发现自己原来的爱好已经改变，这时候，你应该怎么办呢？

我想，在这种情况下，你有两种选择，一是彻底放弃自己正在做的事情，寻找自己真正感兴趣的事，不管有多困难，都要坚持干下去；二是在自己无法从事自己最热衷的工作时，与其为此怨天尤人，不如在现有的事情中培养自己的兴趣。在你勉强自己一段时间之后，也许你会在自己完全不感兴趣的工作中，找到工作的乐趣。

另外，孩子，我还要告诉你，兴趣是一柄双刃剑，很多兴趣不但对成功无益，反而会严重地影响你的生活。如果对赌博、吸毒兴趣大，那么对人的损害也就大。所以兴趣并不能完全由着自己的性子来，它需要意志、志向的控制和引导。

孩子，在人生的道路上，你会碰到各种各样让你感兴趣的人和事，为此，你要有敏锐的判断力和坚定的意志，选择那些值得你去追求的兴趣。只要这些兴趣爱好是有益于你的身心发展的，我一定会毫不犹豫地支持你。

想一想

乔治在学校里成绩优秀，但因为家境不太好，只好中途辍学。对一个高中毕业生来说，要找一个好工作实在是太难了。虽然他干了很多份工作，但没有一个是他满意的。

高中毕业5年后，乔治仍然没有自己的事业。这时候，他父亲最后一次帮他找了一个在运输公司开车的工作。

因为知道这份工作来之不易，乔治工作起来很认真。渐渐地，他开始对这份工作产生了兴趣，比以前做任何工作都认真。同时他也得到了老板的赏识，教了他很多运输方面的知识。

这时候乔治才明白，有些兴趣的确是可以培养的。

很多时候，你要学会灵活应变，去尝试做一些原本可能不感兴趣的事情。只要你摆正心态，也是可以把这些事情做好的，说不定还会有意外收获呢，就像故事中的乔治一样。

记一记

读书是易事，思索是难事，但两者缺一，便全无用处。

——富兰克林

49

尊重老师，信赖老师

ZUN ZHONG LAO SHI XIN LAI LAO SHI

孩子，我要郑重地告诉你，在你一生的成长中，老师是除了父母之外最早在你的生命中留下印迹的人。

你还记得第一次坐在课堂里听课时，老师用温柔的眼神、甜美的微笑、动听的声音为你开启神奇的知识之门吗？随后你又在老师的带领下，在知识的海洋中畅游。

老师不仅传授你知识，还教你为人处世的道理。甚至有时候，那些善良的优秀的老师还能抚平你心中的创伤，激发你奋斗的勇气。

孩子，想想看，在你的生活中是不是也有这样一位老师：用好听的声音给你讲述神奇的故事；对你循循诱导，引用很多故事只为让你明白一个简单的道理；当你做错事情的时候，静静地看着你，直到你鼓起勇气承认错误为止。

当你在困难面前打退堂鼓的时候，他站在旁边为你加油，眼中写满了鼓励的话语；当你感到自卑的时候，他轻轻地告诉大家，你身上有很多令人羡慕的优点。

孩子，渐渐地你会深刻体会到，没有一个老师不爱自己的学生，没有一个老师不希望自己的学生优秀。

所以面对老师的教诲，孩子，你要怀着感激的心情仔细聆听。当你遇到什么难解的事情的时候，可以找老师谈心，详细地告诉他你的想法，他不仅是你的朋友，可以倾听你的心声，还是一个有智慧的长者，会给你指点迷津。

孩子，古人说“一日为师，终身为父”，希望你尊重老师，不要辜负那些爱你的老师的一番良苦用心。

第49封信
尊重老师，信赖老师

记一记

一日为师，
终身为父。
——关汉卿

做一做

★要在认识上、感情上去理解老师、体贴老师，不能简单地认为老师是为了某种功利来从事教书育人的工作的。记住老师在夜深人静的时候，还在备课，批改作业，学生酣然入梦的时候仍在查寝。这些超出工作时间的劳动是没有经济报酬的，因为这些，我们更要理解老师。

★要尊重老师的劳动。课堂上要认真听讲，积极思考，这也是尊重。

★要接受老师的教育。在成长过程中，有错误是在所难免的，可关键是能否知错就改。如果能，那既表现出我们的宽广胸怀，也表现出对老师的尊重。

★要养成使用礼貌用语的习惯，主动向老师问好的习惯。如果你主动说了一句“老师好”，这样不仅反映出你的高尚品格，还增进了师生感情，体现出你文明礼貌的程度。

50 参加考试要注意一些技巧

CAN JIA KAO SHI YAO ZHU YI YI XIE JI QIAO

孩子们，大家都已经经历过很多次考试了，有平时的小测验，也有期中和期末的大考。一段时间下来，我发现这样一些问题：

有的同学平时学得很好，但是到了考试的时候，总是出人意料不能发挥出正常的水平；有些同学总在考试的时候情绪不好，或者失眠，或者生病，以至于在考场上失常；还有一些同学总是在考试的时候手忙脚乱，觉得时间不够，不能在限定的时间内完成，结果白白丢失分数；还有……

孩子们，我知道大部分同学都是很努力的，也希望自己的努力能够有回报。但是，我想，有些同学可能对于考试有种模糊的认识，对于一些技巧性的东西也没有注意。

你们应该明白，考试不仅是在考察你们掌握知识的程度，同时也是在考验你们应对考试的能力。

孩子们，我相信，只要你们经常检查自己的方法，应该可以很快改正过来，并取得好成绩。在这里预祝你们学习进步！

这里告诉你们一些考试的基本技巧，希望对你们有所帮助。

做一做

★在考试之前，一定要制订一个复习计划，有效地进行复习。一般来说，在总复习开始之前，你们应该根据老师的复习计划和自己的学习情况，制订一份切实可行的个人复习计划。

★一定要避免在考试之前“开夜车”，因为那将造成意想不到的损失。考前充分休息，表面上看来是浪费了点时间，其实在考试时反而会有大收获。

★有些同学在考试前压力很大，过度紧张。建议大家要学会给自己减压，不要老去想考试的成败会给自己带来什么样的后果。其实，考试的后果应在平时学习时就多加考虑，因为那时考虑才有意义，能够促进自己改变学习状态。

记一记

读书而不思考，等于吃饭而不消化。

——波尔克